교육과정 수업 평가,
수업을 디자인하다

교육과정 수업 평가, 수업을 디자인하다

교수평 통합 솔루션(feat. 교수평기 일체화, 교육과정, 수업, 평가, 기록의 모든 것)

[행복한 교과서®] 시리즈 No. 62

지은이 | 최무연
발행인 | 홍종남

2024년 3월 16일 1판 1쇄 발행
2024년 10월 15일 1판 2쇄 발행(총 2,000부 발행)

이 책을 만든 사람들
기획 | 홍종남
북 디자인 | 김효정
교정 교열 | 주경숙
출판 마케팅 | 김경아
제목 | 구산책이름연구소

종이 및 인쇄 제작 파트너
JPC 정동수 대표, 천일문화사 유재상 실장

펴낸곳 | 행복한미래
출판등록 | 2011년 4월 5일. 제 399-2011-000013호
주소 | 경기도 남양주시 도농로 34, 301동 301호(다산동, 플루리움)
전화 | 02-337-8958 팩스 | 031-556-8951
홈페이지 | www.bookeditor.co.kr
도서 문의(출판사 e-mail) | ahasaram@hanmail.net
내용 문의(지은이 e-mail) | twolions@naver.com
※ 이 책을 읽다가 궁금한 점이 있을 때는 지은이 e-mail을 이용해 주세요.

ⓒ 최무연, 2024
ISBN 979-11-86463-70-3
〈행복한미래〉 도서 번호 101

A+

교수평 통합 솔루션(feat. 교수평가 일체화, 교육과정, 수업, 평가, 기록의 모든 것)

교육과정수업평가,
수업을 디자인하다

| 최무연 지음 |

행복한미래

교육과정 수업 평가, 모든 것이 여기 있었네

'2022 개정 교육과정, 어떻게 하지?'

2022 개정 교육과정이 시행된다고 했을 때, 처음 드는 생각은 이것이었습니다.
사실 교육과정이 개정되면 모든 것이 막막합니다.

'성취기준은 어떻게 분석하지?'

'성취기준, 평가기준, 채점기준표는 뭐고 어떻게 사용하는 걸까?'

'수업은 어떻게 해야 하지?'

'과정중심평가는 어떻게 해야 하지?'

'교육과정 수업 평가 기록 일체화는?'

'수행평가 개발?'

'평가가 너무 힘들어. 좋은 방법이 없을까?'

'평가 후엔 가정통지를 해야 한다는데, 그건 또 어떻게 해야 하지?'
'지도안이나 교육과정매핑 양식은 따로 없나?'
'피드백도 걱정인데……'

《교육과정 수업 평가, 수업을 디자인하다》는 선생님의 이런 궁금증에 명쾌하게 답하는 책입니다. 이 책은 다음과 같은 장점이 있습니다.

첫째, 아주 쉽고 재미있습니다. '이 어려운 걸 이렇게 쉽고 재미있게 설명한다고?'라는 여러분의 반응을 마음에 두고 책을 쓰기 시작했거든요. 교육과정과 평가 책은 딱딱하고 지루하다는 편견과 선입견을 내려두고 편한 마음으로 페이지를 넘겨 보세요. 슬슬 읽기만 해도 교육과정 수업 평가의 기초가 다져질 것입니다.

둘째, 아주 유용합니다. 교육과정 수업 평가의 이론적 배경과 실제에 이르기까지 선생님들이 꼭 알아야 할 것을 모두 담았습니다. 현장에서 수업하는 교사로서 동병상련이었기 때문에, 그 누구보다 선생님들이 궁금해하는 내용을 잘 알고 있습니다. 정말 답답한데 어디다 물어보기도 애매한 것들을 속 시원하게 풀어줄 작정입니다. 성취기준, 평가기준, 채점기준표의 차이점처럼 익숙하지만 정확하게 모르는 것부터 수행평가 개발에 이르기까지 말이죠. 현장에서 바로 사용할 수 있는 유용한 자료가 가득합니다.

셋째, 수업과 평가에 바로 적용할 수 있습니다. 이 책은 교육과정 수업 평가 예시가 풍부하고, 실제 수업에 적용한 사례 중심으로 구성되어 있습니다. 읽다 보면 어느새 최무연 선생님 교실에 앉아 있는 듯한 착각이 들 정도로 현장감을 살렸습니다. 이 책에 소개하는 내용은 직접 수업과 평가에 적용했던 사례들이라서 수업에 바로 적용할 수 있습니다. 읽고 있는 중에도 내일 당장 선생님의 교실에 적용해 보고 싶은 마음이 생길 겁니다.

넷째, 교실에서 바로 사용할 수 있는 각종 양식이 풍부합니다. "선생님, 양식 좀 주세요." 학교에서 많이 듣는 말입니다. 교육과정 수업 평가에는 다양한 양식이 필요하고, 이 책에 꼭꼭 챙겨 담았습니다. 성취기준 분석, 교육과정매핑, 평가, 채점기준표, 가정통지표까지 현장에서 바로 사용할 수 있는 다양한 양식이 준비되어 있습니다.

다섯째, 무엇보다 평가를 쉽게 이해할 수 있도록 썼습니다. 평가를 걱정하고, 평가 이야기만 나오면 자신 없어지는 선생님이 많습니다. 선생님들의 마음을 알기에 평가의 이론적인 배경부터 채점과 가정통지까지 전 과정을 체계적으로 정리했습니다.

여섯째, 《교육과정 수업 평가, 수업을 디자인하다》는 "그러니 이렇게 하세요"라고 말하는 책입니다. 이 책의 여러 장점 중 하나가 바로 '디테일'에 강하다는 것입니다. 교육과정 수업 평가 연수에 갈 때마다 구체적인 내용이 부족하다는 생각이 자주 들었습니다. '그래서 뭘 어떻게 하라는 걸까?' 교사로서 실천하면서 알아야 할 것, 알고 싶었던 것을 아주 자세하게 담았습니다. '이런 것까지 써야 할까?'라는 생각이 들 정도로 작은 부분도 놓치지 않았으니 꼭 확인해 보세요.

《교육과정 수업 평가, 수업을 디자인하다》는 교육과정 수업 평가의 바닥을 탄탄히 다지는 성취기준, 평가기준, 채점기준표 사용법부터 프로젝트 수업, 과정중심평가, 교수평기 일체화, 피드백, 가정통지에 이르기까지의 모든 내용을 아울렀습니다. 이 책을 다 흡수하고 나면 교육과정 수업 평가에 한 단계 성장한 자신을 만날 수 있게 될 겁니다. 어렵게만 느꼈던 교육과정 수업 평가에 《교육과정 수업 평가, 수업을 디자인하다》가 단비 같은 존재가 되기를 기대합니다.

최무연

차례

1부
교사가 가장 궁금해하는 교육과정 수업 평가 기초

4부

세상에서 가장 쉬운 수행평가의 ABC

5부

교육과정 통합 솔루션
: 수업 설계에서 수업과 평가, 가정통지까지

1부

교사가 가장 궁금해하는 교육과정 수업 평가 기초

1

수업이 바뀌면 평가가 바뀐다. 진짜 그럴까?

　　교육과정과 평가를 이야기하자면 수업의 변화를 빼놓을 수 없습니다. 학생 중심으로 수업을 바꾸어야 한다고, 지식 전달 위주의 수업에서 학생이 참여하는 수업으로 바뀌어야 한다고도 말합니다. 결국 수업 변화의 핵심은 교사가 학생에게 일방적으로 전달하는 수직적인 수업에서 교사와 학생이 상호작용하는 수평적인 수업으로 바꾸는 것일 겁니다.

　　그런데 어떤 수업이 수평적인 수업인지 그 실체가 잘 떠오르지 않죠. 머리로는 알 것 같은데 구체적으로 어떤 것이라고 말하기는 쉽지 않습니다. 우연히 TV를 보다가 수직적인 수업과 수평적인 수업의 모습을 발견했습니다. 제가 발견한 TV 프로그램은 EBS 〈최고의 요리비결〉과 TvN 〈윤식당〉입니다. 이 두 프로그램을 통해 수직적인 수업과 수평적인 수업의 모습을 살펴보도록 하겠습니다.

수직적인 수업

수직적인 수업의 모습은 EBS 〈최고의 요리비결〉에서 찾았습니다. 유명 연예인이 사회를 보고, 요리 대가가 나와서 요리 레시피를 소개하는 형식입니다. 어떤 점때문에 수직적인 수업의 모습이라고 할까요? EBS 〈최고의 요리비결〉은 프로그램이 시작되면 진행자와 요리사가 나와서 오늘의 학습 주제와 학습 목표를 말합니다. 오늘의 요리는 닭 요리군요.

다음으로 학습할 내용을 설명합니다. 주재료와 양념 재료 같은 준비물도 설명하네요.

 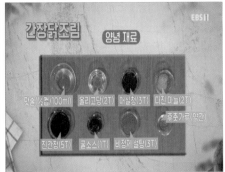

드디어 수업이 시작되었습니다. 닭고기는 어떻게 손질하는지 자세하게 알려줍니다. 닭고기에 소금과 후춧가루를 뿌리고, 15분 정도 재워야 한답니다.

소스에는 어떤 재료가 들어가는지 설명하면서, 전분을 묻혀서 구우면 양념이 훨씬 잘 붙는다는 팁을 줍니다.

구울 때 식용유와 참기름을 섞어 쓰면 닭고기 누린내를 잡아준다는 것도 알려주고요.

〈최고의 요리비결〉은 이처럼 요리 순서에 따라 시범을 보이고 학습자가 잘 이해할 수 있도록 요리사 노하우를 전합니다. 이 형식에서 가장 중요한 것은 요리 레시피와 잘 가르칠 수 있는 요리사지요. 수업에 비유한다면 요리 레시피는 교과서고, 요리사는 교사일 겁니다. 이처럼 〈최고의 요리비결〉은 교사가 교과서로 수업하는 수직적인 수업과 많이 닮았습니다.

수평적인 수업

이번에는 수평적인 수업 모습을 찾아볼까요? 저는 수평적인 수업은 〈윤식당〉에서 찾았습니다. 〈윤식당〉은 연예인들이 식당을 운영하는 프로그램인데, 어떤 모습이 수평적인 수업과 닮았는지 살펴보겠습니다. 〈윤식당〉은 시작부터 〈최고의 요리비결〉과 다릅니다. 멤버들이 함께 모여 어떤 요리를 어떻게 할지 의논하면서 시작하거든요.

〈윤식당〉도 닭 요리입니다. 하지만 〈최고의 요리비결〉과 달리 서로 모여 의논합니다. 요리를 잘하는 사람이 일방적으로 가르치는 것이 아니라 어떤 음식을 어떻게 만들지(수업)에 대해 공유하는 거죠. 물론 여기에도 프로그램을 이끌어 가는 리더(교사)가 있지만, 리더도 멤버들과 함께 어떻게 하면 요리를 잘 만들 수 있을지 서로 의논하며 거드는 조력자 역할을 합니다.

한 사람이 일방으로 알려주는 것이 아니라, 여럿이 한데 모여 상호작용하면서 메뉴를 개발하고 있습니다. 요리를 개발하다가 막히면 때로는 엄마에게 전화로 묻기도 하고, 서로 뭐가 들어가면 좋을지 의논도 합니다.

소스에 관한 고민이 많은 것 같습니다. 고추장이 맵다는 반응이 많다고 하네요.

그래서 결국 손님들의 반응이 안 좋은 고추장을 없애기로 하는군요. 소스를 만들기 위한 고민의 시간이 길어지고 있습니다. 긴 고민 끝에, 손님들의 반응이 좋은 간장 베이스 소스가 더 좋을 것 같다고 말합니다.

결국 간장 베이스의 닭강정 소스가 완성되었습니다.

어떤가요? 두 프로그램의 차이가 느껴지나요? 물론 두 TV 프로그램을 수업에 직접적으로 비유하기는 어렵지만, 그래도 수직적인 수업과 수평적인 수업의 모습을 살펴보기에는 충분합니다. 두 프로그램의 차이를 좀 더 구체적으로 비교해 보면 다음과 같습니다.

종류	〈최고의 요리비결〉	〈윤식당〉
레시피	정해진 레시피 있음	정해진 레시피 없음
진행자 역할	진행자는 주어진 레시피를 전달하는 역할	진행자는 주어진 과제를 해결하기 위해 서로 협력하도록 도와주는 역할
상호작용	참가자의 상호작용이 거의 없음	참가자의 상호작용이 활발함
레시피 개발 참여	참가자가 레시피를 결정할 권한 없음	참가자도 레시피 개발에 적극 참여
형식	일정한 형식이 정해짐	일정한 형식이 없고 출연자의 상호작용에 따라 형식이 결정됨
중요성	요리사의 지식과 진행기술이 중요	출연자의 상호작용과 자기 주도성, 협력이 중요
과정, 결과의 중요성	결과가 중요	과정과 결과가 모두 중요
결과 예측	결과를 예측하기 쉬움	결과를 예측하기 어려움
평가(문제 출제)	평가 문제 출제가 쉬움	평가 문제 출제가 어려움

위 두 수업에서 평가를 본다면 어떻게 해야 할까요? 만약 여러분이 수직적인 수업으로 비유한 〈최고의 요리비결〉에서 문제를 출제한다면 어떤 문제를 출제하겠습니까? 아마도 요리 전문가가 설명한 내용을 위주로 출제할 겁니다. 예를 들면 닭고기 밑간은 무엇으로 하는지, 소금과 후춧가루로 재운 닭고기는 몇 분 동안 재워야 하는지, 닭고기에 전분을 왜 넣는지, 구울 때 참기름을 넣는 이유와 분량 등을 출제하겠지요. 〈최고의 요리비결〉에서 문제를 출제하는 건 큰 고민이 없을 거예요. 지금까지 우리가 했던 것과 별반 다르지 않으니까요.

문제는 〈윤식당〉에서의 평가입니다. 〈윤식당〉 같은 수업에서 평가란 여간 어려운 일이 아닙니다. 딱히 지식을 가르쳐주는 게 아니고, 자기들끼리 서로 의논해서 개발했으니까요. 상호작용하며 의논하는 걸 문제로 출제하기도 애매하죠. 이런 식이라서 수평적인 수업은 기존 방법으로 평가할 수 없습니다. 수평적인 수업은 그에 맞는 평가 방법을 새로 도입해야 하는 거지요.

　그래서 〈윤식당〉 같은 수평적인 수업에서의 평가는 수행할 과제를 부여하고, 그 과제를 해결하는 과정과 결과를 평가해야 합니다. 이들에게 주어진 과제는 외국인이 좋아하는 닭고기 요리와 소스를 개발하는 것이었습니다. 고추장 소스가 외국인에게 매우니까 간장 소스를 개발했죠. 그렇다면 〈윤식당〉에서의 평가는 멤버들이 소스를 개발하는 과정과 과제를 수행하는 모습을 기술해야 합니다. 〈최고의 요리비결〉처럼 평가 문항을 출제해 점수를 줄 수는 없지요. 이처럼 수업이 바뀌면 평가도 바뀌게 됩니다.

2
수업과 평가를 바라보는 2가지 갈래, 규준참조 vs 기준참조

앞에서 EBS 〈최고의 요리비결〉과 TvN 〈윤식당〉으로 수업과 평가의 모습을 살펴보았는데요. 실제 평가 방법도 이 두 프로그램처럼 크게 두 갈래로 나눌 수 있습니다. 결론부터 말하면 〈최고의 요리비결〉 같은 형식으로 평가하는 방법을 '규준참조평가'라고 하고, 〈윤식당〉 같은 형식으로 평가하는 방법을 '기준참조평가' 혹은 '준거참조평가'라고 합니다.

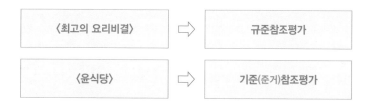

따라서 평가를 이해하기 위해서는 먼저 규준참조평가와 기준(준거)참조평가에 대해 이해해야 합니다. 그런데 두 용어에 '참조'라는 공통적인 단어가 들어가

죠? 언뜻 전혀 다른 방식인데, 왜 똑같은 단어가 들어갈까요? '참조'라는 개념이 평가에 아주 중요한 용어라서 그렇습니다.

참조란?

참조를 알려면 먼저 평가를 하는 목적을 생각해 보아야 합니다. 평가의 진짜 목적은 어떤 대상의 가치나 질을 판단하기 위한 것이라고 할 수 있습니다. 평가해야 잘하는지 못하는지 해석할 수 있으니까요. 그런데 무엇을 기준으로 평가해야 할까요? 무엇인가를 참조해서 해석이나 가치 판단을 내려야 하는데, 이때 참조하는 자료를 '참조'라고 합니다.

조금 어려운가요? 예를 들어보겠습니다. 제가 수학 시험에서 65점을 받았습니다. 자, 저는 수학을 잘하는 걸까요, 못하는 걸까요? 65점이라는 점수만으로는 판단할 수 없을 겁니다. 65점의 가치를 판단할 수 있는 '참조' 자료가 없으니까요. 만약 우리 반 수학 점수 평균이 40점이라면 해석이 달라집니다. 반평균이 40점이니까 65점을 받은 저는 평균보다 상당히 잘한다고 할 수 있죠. 이때 반평균 점수 40점은 제가 받은 65점의 가치 판단을 하기 위한 '참조근거'가 됩니다.

이처럼 '참조'는 평가에서 판단이나 해석을 할 수 있는 근거의 종류를 말합니다. 따라서 무엇을 참조하느냐에 따라 이름이 결정됩니다. 규준참조평가라면 '규준'을 참조해서, 기준(준거)참조평가는 '기준(또는 준거)'을 참조해서 평가 결과를 판단하고 해석하는 평가라는 말입니다.

	100점		다이어트
	규준참조	VS	**기준(준거)참조**
	〈최고의 요리비결〉		〈윤식당〉

규준참조평가란?

규준참조평가는 '규준'을 참조해 판단이나 해석을 하는 평가입니다. 여기서 말하는 '규준'이 뭘까요? 네이버 학생백과사전에서 규준을 찾아보면 '비교하고자 하는 집단의 검사점수 분포'라고 되어 있습니다. 풀어보면 규준참조평가는 비교하는 집단이나 상대가 있고, 그것으로 비교하는 평가를 통틀어 말합니다. 아직 애매하죠?《교육평가콘서트, 배움을 디자인하다》(부재율, 정민수)를 보면 규준참조평가를 다음과 같이 설명합니다.

한 개인의 평가 점수를 개인이 속해 있거나, 혹은 직접 속해 있지 않더라도 비교가 되는 집단 속에서 다른 사람의 성취와 상대적으로 비교해 해석하는 방식

감이 좀 오나요? 규준참조평가는 비교할 상대가 있으므로 '상대평가' 방법을 사용합니다. 예를 들면 수학 65점을 우리 반 평균과 비교하기도 하고, 점수순으로 정리해 학급에서 몇 등을 했는지 등수를 매기기도 하는 거죠. 이렇게 규준참조평가는 '비교'할 무엇인가를 통해 해석하는 평가를 말합니다.

규준참조평가는 비교할 대상이 있기 때문에 다른 학생과 비교해 해석합니다. '누구보다 잘한다, 평균 이상으로 학업 성적이 우수하다, 1등을 했다'처럼 말이지요. 따라서 성적에 따라 서열화가 이루어지고, 경쟁적이라고 할 수 있습니다. 사실 우리에게 익숙한 평가 방법입니다. 기말고사, 중간고사, 성적, 등수 등 성적이 나오는 모든 평가가 규준참조평가입니다. 앞에서 예를 든 〈최고의 요리비결〉 같은 수업에 맞는 평가 방법이죠.

| 규준참조평가 | = | 상대평가 |

기준(준거)참조평가란?

기준(준거)참조평가는 '기준(또는 준거)'을 참조해 결과를 판단하는 평가입니다. 기준(준거)참조평가는 비교 대상이 다른 사람이나 집단이 아니라 기준이나 준거 그 자체가 된다는 뜻이기도 합니다.

'준거'라는 단어 역시 조금 어렵게 다가오는데요. 국어사전에서 준거를 찾아보면 '사물의 정도나 성격 따위를 알기 위한 근거나 기준'이라고 되어 있습니다. 따라서 기준이나 준거는 개념상 같은 의미라고 볼 수 있습니다. 정리하면 기준(준거)참조평가는 어떤 기준을 설정하고, 그 기준의 달성 여부를 확인하는 것이라고 할 수 있습니다.

예를 들어보겠습니다. 다이어트를 하려고 합니다. 저의 다이어트 성공 기준은 65kg입니다. 한 달 안에 이룬다는 목표로 열심히 다이어트를 했고, 한 달 후에 몸무게를 재보았더니 70kg이었습니다. 어떤가요? 저는 성공했나요, 실패했나요? 제 다이어트 성공 기준인 65kg을 달성하지 못했기 때문에 실패했습니다. 65kg이라는 '기준'을 참조해서 다이어트 성공 여부를 판단한 결과죠.

이처럼 기준(준거)참조평가는 다른 사람의 성취와는 상관없이 '기준(준거)'을 보고 판단하는 평가 방법입니다. 『교육평가콘서트, 배움을 디자인하다』(부재율, 정민수)에서는 기준(준거)참조평가를 다음과 같이 소개하고 있습니다.

다른 사람의 성취와는 아무 상관 없이 의도했던 목표에 비추어 개인의 평가 점수를 해석하는 방식

기준(준거)참조평가는 기준(또는 준거)을 참조하기 때문에 다른 사람은 신경 쓰지 않습니다. 오직 기준을 달성하려고 노력하지요. 저는 다른 사람의 몸무게가 60kg 이든 80kg이든 신경 쓰지 않습니다. 오로지 제가 설정한 기준인 65kg을 달성하려고 노력할 것이고, 다이어트 성공 여부 역시 다른 사람의 몸무게와 상관없이 65kg 이라는 제 기준을 보고 판단합니다. 따라서 기준(준거)참조평가는 절대평가입니다.

기준(준거)참조평가는 이미 설정된 기준과 준거를 비교해 기준 통과 여부를 기술합니다. 다른 사람과 비교하지 않고, 기준을 달성하려고 노력하기 때문에 경쟁이 줄어들게 됩니다. 기준(준거)참조평가도 학교에서 많이 사용합니다. 성취기준과 같은 '기준'을 제시하고, 기준의 달성 여부를 기술하지요. 수행평가가 대표적인 예라고 할 수 있습니다. 앞에서 예로 든 〈윤식당〉에서도 외국인이 좋아하는 소스 개발이라는 '기준'을 달성하기 위해 서로 노력합니다. 그리고 소스 개발 과정을 글로 써주게 됩니다. 우리가 수행평가 결과를 기술해 주는 것과 같습니다.

규준참조평가가 성적으로 학생을 분류하는 것에 비해, 기준(준거)참조평가는 관찰된 수행을 기준과 비교해 수행 수준을 기술합니다. 수행평가에서 기준을 제시하고, 그 기준을 통과하면 다른 사람과 상관없이 '상' 수준을 주는 것이 대표적인 예입니다. 학교에서 교과별 성적을 학기말 종합의견으로 기술하는 것은 우리나라가

기준(준거)참조평가에 기반을 두고 있기 때문입니다. '기준'을 모두 글로 기술하기 때문에 기준 설정이 매우 어렵다는 단점이 있습니다.

혹시 헷갈릴까 봐 용어를 정리하고 넘어가겠습니다. 일반적으로 평가 결과를 해석하고 보고하기 위해 무엇과 비교·참조하는가에 따라 규준참조평가, 준거참조평가, 능력참조평가, 성장참조평가로 구분합니다(성태제, 2014). 그런데 이 책에서 참고한 『교실평가의 원리와 실제』(James H. McMillan)에서는 기준참조평가라는 용어를 준거참조평가와 동일한 개념으로 사용했고, 또 요즘은 학교 현장에서 성취기준과 함께 '기준'이라는 용어도 많이 사용하기 때문에 이 책에서는 기준참조평가라는 용어를 사용합니다. 하지만 준거참조평가가 더 널리 쓰이는 것도 사실이니 기준(준거)참조평가도 함께 사용하겠습니다.

규준참조평가와 기준(준거)참조평가 비교

규준참조평가와 기준(준거)참조평가를 비교해 보면 둘이 완전히 반대편에 있다는 것을 알 수 있습니다.

	규준참조	기준(준거)참조
해석	다른 학생의 수행과 비교	이미 설정된 기준/준거와 비교
점수의 성격	백분위, 표준점수, 등급분포	정답률, 기술된 수행 기준
검사 문항의 난이도	다양한 점수 분포 확보를 위한 평균난이도 문항 활용, 매우 쉽거나 어려운 문항 배제	평균적으로 쉬운 문항을 활용해 높은 정답률 산출
점수의 활용	서열을 산출하고 학생을 분류함	관찰된 수행 수준을 기술

동기화 효과	비교 집단에 의존, 경쟁적	학생들이 구체적인 학습 목표를 충족하도록 독려
강점	더욱 어려운 시험에 학생들을 도전하게 하고, 학생들을 분류하는 데 효과적인 수단이 됨	학생 수행과 잘 정의된 학습 목표 연결, 경쟁 경감
약점	다른 학생과의 비교에 의해 등급 결정, 항상 낮은 등급을 받는 학생 존재	명확하게 잘 정의된 학습 목표 설정과 숙달 수준을 포함한 기준 설정이 어려움

출처: 『교실평가의 원리와 실제』, James H. McMillan

일반적으로 학교 현장에서 이루어지고 있는 평가는 크게 규준참조평가 혹은 기준(준거)참조평가로 구분할 수 있습니다. 서로 성격이 반대라서 수업과 평가를 하기 전에 교사가 무엇을 '참조'할지 결정하는 것이 중요합니다. 수업과 평가의 목적을 확실하게 하고, 목적에 맞는 수업과 평가를 해야 합니다. 간단히 정리하면 다음과 같습니다.

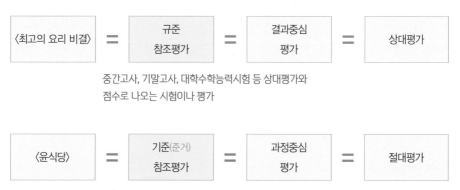

〈최고의 요리 비결〉 = 규준 참조평가 = 결과중심 평가 = 상대평가

중간고사, 기말고사, 대학수학능력시험 등 상대평가와
점수로 나오는 시험이나 평가

〈윤식당〉 = 기준(준거) 참조평가 = 과정중심 평가 = 절대평가

수행평가, 과정중심평가, 진단평가 등 절대평가와
기준을 설정하고 기준 달성 여부를 기술해 주는 평가

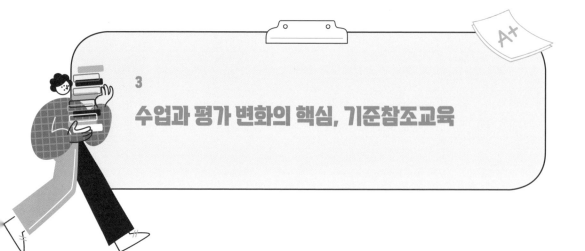

3
수업과 평가 변화의 핵심, 기준참조교육

앞에서 규준참조평가와 기준(준거)참조평가를 알아봤는데요. 그럼, 지금 우리나라는 어떤 평가를 지향하고 있을까요? 네, 맞습니다. 우리나라는 지금 기준(준거)참조교육과 평가를 지향합니다. 교육과정이나 평가를 이야기하다 보면 성취기준, 평가기준, 채점기준표처럼 '기준'이라는 말을 참 많이 듣게 됩니다. 수업은 성취기준으로 하고, 평가는 평가기준으로 하고, 채점은 채점기준표로 하라고 하지요.

이처럼 '기준'을 참조해서 교육하는 것을 '기준(준거)참조교육'이라고 하고, 기준을 참조해서 평가하는 것을 '기준(준거)참조평가'라고 합니다. 기준을 참조해서 피드백하면 '기준(준거)참조피드백'이라고 하죠.

수업		성취기준
	⇨	

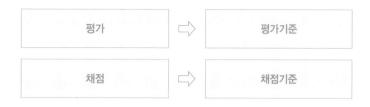

| 평가 | ⇨ | 평가기준 |
| 채점 | ⇨ | 채점기준 |

기준(준거)참조교육과 평가의 특징

기준(준거)참조교육과 평가는 마치 높이뛰기와 비슷합니다. 높이뛰기 선수는 자신이 뛰어넘을 기준을 뛰기 전에 먼저 제시합니다. 선수는 자신이 제시한 '기준'을 뛰어넘기 위해 달려가고, 뛰어넘으면 성공이죠. 기준(준거)참조평가도 마찬가지입니다. 교사는 수업과 평가를 하기 전에 기준을 먼저 제시하고, 학생이 제시된 기준을 달성하기 위한 과제를 수행하면 제시된 기준의 수행과정과 결과를 평가합니다. 따라서 기준(준거)참조교육과 평가에서는 수업과 평가를 하기 전에 '기준'을 먼저 제시해야 합니다.

이 점이 기준(준거)참조교육과 평가가 가진 가장 큰 특징이라고 할 수 있습니다. 기존에는 수업을 다 한 후 평가를 실시하고 정답을 발표했는데, 기준(준거)참조평가에서는 기준을 미리 제시하고, 그 기준에 도달하도록 하는 것이라 완전히 반대입니다.

따라서 수업과 평가 전에 미리 '기준'을 개발해야 하고, 수업과 평가를 시작할 때 학생들에게 이 기준을 제시해야 합니다. 결국 기준(준거)참조교육과 평가의 성공 여부는 수업과 평가 전에 미리 '기준'을 개발하느냐에 달려있다고 할 수 있습니다.

요즘 중요하게 생각하는 과정중심평가, 수행평가, 교육과정 수업 평가 일체화, 피드백 등은 모두 기준(준거)참조평가를 바탕에 두고 있습니다. 따라서 기준(준거)참조평가를 이해하는 건 이 모든 것을 이해하기 위한 기본입니다.

4

기준참조 교육과 평가: 실제 수업을 공개합니다

지금까지 기준(준거)참조교육과 평가의 모습을 알아보았는데요. 대충 이해는 하지만 현실적으로 다가오지 않는 사람이 많을 겁니다. 그래서 이번에는 실제 수업과 평가 장면을 통해 알아보겠습니다. 아무래도 교사는 수업하는 전문가니까 실제 수업과 연계하면 더 쉽게 이해할 수 있을 겁니다.

다음과 같은 성취기준이 있습니다.

(2015) [2국05-03] 여러 가지 말놀이를 통해 말의 재미를 느낀다.
(2015) [2국05-04] 자신의 생각이나 겪은 일을 시나 노래, 이야기 등으로 표현한다.

위의 성취기준으로 다음과 같은 프로젝트 수업을 계획했습니다.

초등학교 2학년 학생으로서 학교, 학원, 가정생활을 하면서 자신이 겪은 일이나 생각, 느낌을 흉내 내는 말이나, 반복되는 말과 같은 재미있는 말을 사용해 시를 쓰고 발표한다.

이 수업은 학생들이 의성어, 의태어, 두운이나 각운, 율격이 두드러진 말, 언어유희, 재치 있는 문답, 수수께끼, 끝말잇기 등에서 재미를 느끼고, 이를 활용해 자신이 겪은 일을 시로 표현하는 수업입니다. 프로젝트 수업으로 진행되었는데, 프로젝트 수업의 흐름은 일반적으로 다음과 같습니다.

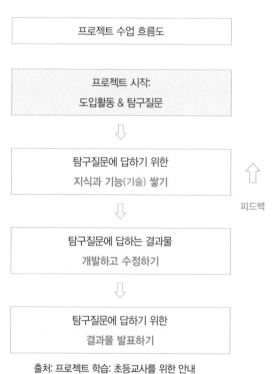

출처: 프로젝트 학습: 초등교사를 위한 안내

기준(준거)참조교육과 평가를 실시하려면 먼저 '기준'을 제시해야 합니다. 기준을 제시한다는 것은 수업에서 알아야 할 것과 해야 할 것, 그리고 어떻게 평가할지를 학생과 공유한다는 것을 의미합니다. 위의 프로젝트 수업 흐름도에서 학생과 수업을 공유하고 '기준'을 제시하는 시기는, 맨 처음인 도입활동 & 탐구질문 시간입니다. 프로젝트 수업 도입활동 시간에 학생들에게 수업에서 알아야 할 것, 해야 할 것, 평가는 어떻게 이루어지는지를 알리는 거죠. 그래서 저는 수업 시작하자마자 다음과 같은 내용을 학생들에게 제시했습니다.

프로젝트 수업 1단계: 도입활동 & 탐구질문

〈프로젝트 주제 제시〉

프로젝트명: 2학년, 시인이 되다

교사: "여러분, 이번에 우리가 할 프로젝트는 '2학년, 시인이 되다'입니다."

〈탐구질문〉

탐구질문 시간에는 학생과 수업을 공유하며 프로젝트 성공을 위해 무엇을 어떻게 할지에 관한 의견을 주고받습니다. 학생들이 알아야 할 것과 해야 할 것, 학습 결과물 등을 확인하는 시간이기도 합니다.

탐구질문: 우리가 2학년 학생 시인으로서 우리의 생활 모습을 재미있는 말을 사용해 시를 쓰고 시낭송회를 하려면 어떻게 해야 할까?

교사: "이 프로젝트를 잘하려면 어떻게 해야 하는지 탐구질문을 한번 읽어봅시다."

〈수행과제 및 학습 결과물 제시〉

기준(준거)참조평가에서는 학생들에게 수행과제와 학습 결과물을 먼저 제시합니다. 일반적인 수업에서는 학습 후에 평가하지만, 기준(준거)참조평가에서는 수업을 시작할 때 수행과제와 학습 결과물을 미리 알려줍니다.

수행과제

개인	학교생활을 재미있는 말로 표현한 시	수행평가

교사: "여러분, 이번 프로젝트에서 우리가 해야 할 것은 흉내 내는 말처럼 여러 가지 재미있는 말을 알아보고, 그것을 사용해서 여러분이 겪은 일을 시로 표현하는 것입니다. 그리고 여러분이 쓴 시로 수행평가를 볼 겁니다."

〈채점기준표 제시〉

수행평가를 본다고 했으면 교사는 학생들에게 채점기준표를 제시해야 합니다. 기준(준거)참조교육과 평가에서는 '기준'을 먼저 제시해야 하기 때문이지요. 이렇게 수업을 시작하자마자 채점기준표를 제시하면 학생들은 이 프로젝트에서 알아야 할 것과 수행해야 할 것을 미리 확인하고, 어떻게 해야 좋은 점수를 받을지도 알수 있습니다.

교사: "여러분, 우리가 쓰는 시는 아래 채점기준표에 맞춰 써야 해요. 어떻게 써야 하는지 우리 한번 읽어볼까요?"

평가요소 \ 수준	상(매우 잘함)	중(잘함)	하(향상 필요)
재미있는 말 사용	재미있는 말을 2번 사용해 시를 썼다(반복 사용 가능).	재미있는 말을 1번 사용해 시를 썼다.	재미있는 말이 드러나지 않았다.
	해당 사항에 ✔ 표시 □ ① 흉내 내는 말　　□ ② 수수께끼　　□ ③ 끝말잇기 □ ④ 다섯 고개(묻고 답하기)　　□ ⑤ 끝 글자가 같은 말 □ ⑥ 첫 글자가 같은 말　　□ ⑦ 글자 수가 같은 말 □ ⑧ 기타(　　　　　)		
표현하기	일상에서 겪은 일에 관한 자신의 생각이나 느낌이 구체적이고 생생하게 드러나 있다.	구체적인 표현이나 생생한 표현 중 하나만 표현했다.	일상에서 겪은 일에 관한 생각이나 느낌을 표현했으나, 구체적이거나 생생하지 않다.
	해당 사항에 ✔ 표시 □ 구체적으로 표현(직접 경험한 것을 실제적으로 자세하게 표현) □ 생생하게 표현(눈으로 보는 것처럼 실감나게 표현)		

채점기준표 예시

학생들은 채점기준표를 읽으면서 무엇을 알아야 하고, 어떻게 해야 하는지, 어떻게 시를 써야 좋은 점수를 받는지를 확인합니다. 사실 이 채점기준표는 수업을 시작할 때 제시하기 때문에 채점기준표보다는 '배움확인표'에 더 가깝다고 할 수 있습니다.

이때 제시한 채점기준표는 자동차 내비게이션 같은 역할을 합니다. 학습의 목표와 도달점을 미리 확인하고, 학습의 전 과정에서 자신의 학습 정도를 확인할 수 있습니다. 학생들은 채점기준표와 자신의 학습 상태를 확인하기도 하고, 무엇이 부족한지도 알게 되어 자기 주도적 학습도 할 수 있게 됩니다. 또, 자기평가나 동료평가에 활용할 수도 있습니다. 이렇게 채점기준표는 수업 시작부터 끝날 때까지 활용하는 '기준'이라고 할 수 있습니다.

프로젝트 수업 2단계: 지식과 기능 쌓기

채점기준표로 자신의 학습 도달점을 확인했다면, 이제 본격적인 수업이 시작됩니다. 먼저 학생들은 '2학년, 시인이 되다'라는 프로젝트를 하기 위해 필요한 지식과 기능을 쌓습니다. 이 프로젝트를 하기 위해서 학생들은 흉내 내는 말이나, 첫 글자가 같은 말, 끝 글자가 같은 말 등 언어유희의 말이 무엇인지 알고, 그런 말을 찾아보았습니다.

프로젝트 수업 3단계: 결과물 개발하고 수정하기

앞에서 배운 지식을 활용해서 결과물을 개발하는 단계입니다. 따라서 학생들에게 개발할 결과물이 무엇인지를 제시하고, 이 결과물은 수행평가로 활용한다는 것을 다시 알려줍니다. 예로 든 수업에서 결과물은 '시'니까 학생들이 쓴 '시'가 수행평가 대상이 되겠지요.

〈결과물과 수행평가 제시〉

시 쓰기: 수행평가

교사: "여러분, 우리 재미있는 말을 많이 찾아보았지요? 그럼, 지금까지 배운 재미있는 말을 사용해 시를 써봅시다. 그리고 여러분이 쓴 시로 수행평가를 볼 거예요."

〈채점기준표 다시 제시〉

수행평가를 본다고 했으면 반드시 채점기준표를 제시해야 합니다. 학생들이 채점기준표를 보며 어떻게 시를 써야 하고, 어떻게 채점되는지를 확인할 수 있으니까요. 교사는 처음에 제시했던 채점기준표를 다시 제시합니다.

교사: "여러분, 시를 쓰려면 다음과 같이 시를 써야 해요. 우리 다시 한번 채점기준표를 읽어보기로 해요."

학생들은 채점기준표를 보며 자신의 수행과제를 다시 한번 확인합니다. 수행평가 전에 채점기준표를 제시하면 학생들은 이 기준에 따라 시를 쓰려고 노력합니다. 진짜로 그러는지 결과물을 살펴볼까요? 여기에 소개되는 시들은 모두 학생들이 자신이 경험한 장소에 직접 가서 흉내 내는 말이나 재미있는 말을 찾아보고 쓴 것들입니다. 현장에서 직접 쓴 시라서 생생함이 살아 있죠.

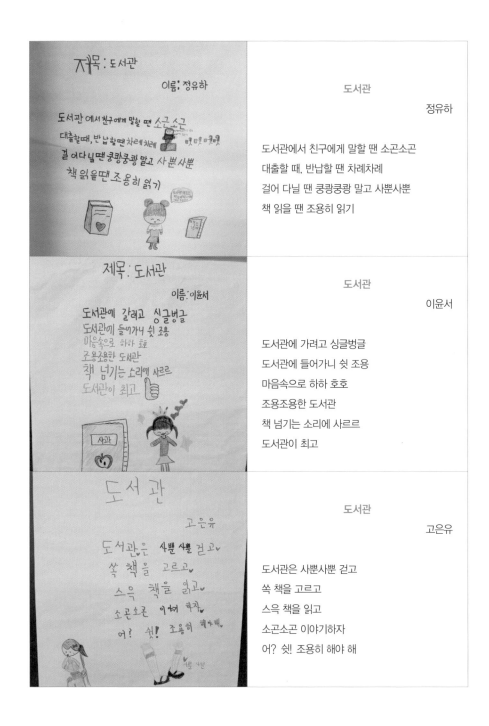

도서관

정유하

도서관에서 친구에게 말할 땐 소곤소곤
대출할 때, 반납할 땐 차례차례
걸어 다닐 땐 쿵쾅쿵쾅 말고 사뿐사뿐
책 읽을 땐 조용히 읽기

도서관

이윤서

도서관에 가려고 싱글벙글
도서관에 들어가니 쉿 조용
마음속으로 하하 호호
조용조용한 도서관
책 넘기는 소리에 사르르
도서관이 최고

도서관

고은유

도서관은 사뿐사뿐 걷고
쏙 책을 고르고
스윽 책을 읽고
소곤소곤 이야기하자
어? 쉿! 조용히 해야 해

보건실에서도 시를 썼군요.

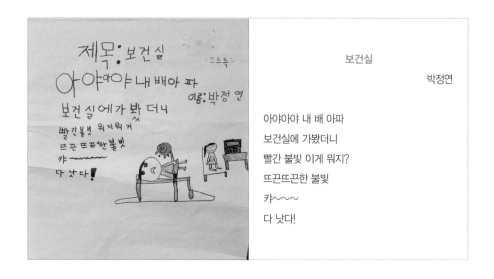

보건실

박정연

아야아야 내 배 아파

보건실에 가봤더니

빨간 불빛 이게 뭐지?

뜨끈뜨끈한 불빛

캬~~~

다 낫다!

저에 관한 시도 있네요. 에고고.

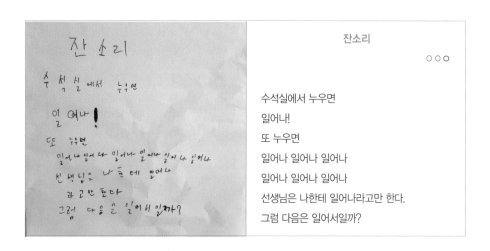

잔소리

○○○

수석실에서 누우면

일어나!

또 누우면

일어나 일어나 일어나

일어나 일어나 일어나

선생님은 나한테 일어나라고만 한다.

그럼 다음은 일어서일까?

할머니 사랑이 가득한 시도 있습니다.

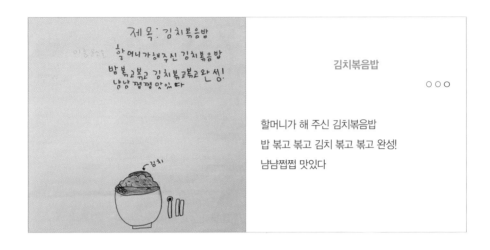

어떤가요? 학생들이 채점기준표에 맞게 쓰려고 노력한 게 보이죠? 기준(준거)
참조평가에서는 기준을 먼저 제시하면, 학생들은 그 기준에 맞게 시를 쓰려고 노
력합니다. 다른 사람이 쓰는 시가 아니라 채점기준표에 맞게 쓰려고 노력하지요.
경쟁보다는 기준에 도달하려고 노력하는 절대평가입니다. 교사는 평가 결과를 이
렇게 기술해 줍니다.

"일상에서 겪은 일을 흉내 내는 말을 사용해, 자신의 생각이나 느낌을 구체적
이고 생생하게 시를 썼다."

지금까지 기준(준거)참조평가의 특징을 알아보았습니다. 기준(준거)참조평가는
이어지는 교육과정 수업 평가 기록 일체화나 과정중심평가와도 밀접한 관계가 있
기 때문에 계속해서 관심을 가지고 이해할 필요가 있습니다.

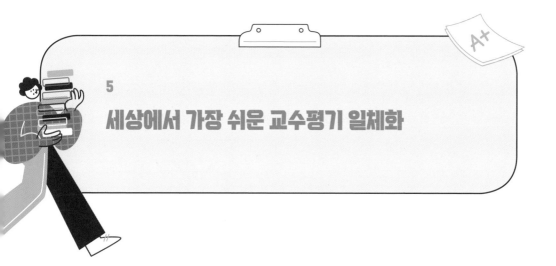

5

세상에서 가장 쉬운 교수평가 일체화

앞에서 흉내 내는 말을 사용한 시 쓰기 수업을 살펴보았습니다. 이 수업은 수업을 한 것일까요? 아니면 평가를 한 것일까요? 분명히 시를 쓰는 수업을 했지만, 시가 그대로 평가의 대상이 되었습니다. 시 쓰기 수업을 하고, 그 시로 평가도 하니 엄밀히 말하면 수업과 평가가 동시에 진행되었다고 할 수 있습니다. 기준(준거)참조 교육과 평가에서는 이처럼 수업과 평가가 동시에 진행됩니다.

학습	=	평가

평가 패러다임의 변화

수업과 평가가 동시에 진행된다는 것은 기존의 교육과정 수업 평가에 관한 생각을 바꾸는 것입니다. 기존에는 수업 후 평가하는 '학습 결과에 관한 평가'였습니다. 결과중심평가지요. 그런데 기준(준거)참조평가는 수업과 평가의 구분 없이 동시에 진행되기 때문에 구분되지 않고, 수업이 곧 평가가 됩니다. 즉, 평가가 학습하는데 도움을 주는 '학습을 위한 평가'나 평가 자체가 학습인 '학습으로서의 평가'가 이루어지게 됩니다. 평가의 패러다임이 기존의 '학습 결과에 관한 평가'에서 '학습을 위한 평가'나 '학습으로서의 평가'로 변화하고 있다는 것을 알 수 있습니다.

그럼, 학습을 위한 평가나 학습으로서의 평가는 어떤 특징이 있는지 알아보겠습니다.

첫째, 학습과 평가가 구분되지 않고, 학습 전 과정에서 평가가 이루어집니다.

둘째, 학습 전 과정에서 평가가 이루어지기 때문에 즉각적인 피드백을 줄 수 있습니다. 앞의 수업을 예로 든다면 학생들에게 흉내 내는 말을 두 가지 사용하라고 했는데, 만약 그렇게 하지 못했다면 수업 중에 바로 피드백할 수 있죠. "흉내 내는 말을 하나밖에 안 썼네. 어떻게 해야 할까?"처럼요. 기존의 결과 중심 평가에서는 수업이 끝난 후 평가했기 때문에 이런 즉각적인 피드백을 줄 수는 없었습니다.

셋째, 과정과 결과를 모두 평가할 수 있는 과정중심평가입니다. 수업이 곧 평가이기 때문에 학생들의 수행과제를 수행하는 과정과 결과물에 관한 평가를 동시에 할 수 있습니다. 수업 시간에 교사가 학생에게 주는 피드백이 모두 평가 장면이기 때문입니다.

넷째, 절대평가입니다.

다섯째, 평가 주체가 다양하게 참여할 수 있습니다. 앞 수업에서 학생들에게 채점기준표를 나누어 주었다면 자기평가도 가능하고, 동료평가도 가능합니다. 이상을 정리하면 다음과 같습니다.

	학습 결과에 관한 평가 (Assessment of learning)	학습을 위한 평가 (Assessment for learning)	학습으로서의 평가 (Assessment as learning)
평가 목적	점수, 등급 등으로 성적을 제공하기 위한 평가	교수학습 방법의 개선과 피드백 제공으로 학생의 학습을 돕기 위한 평가	학습에 관한 성찰 기회 제공으로 학습전략을 수립해 자기 주도적 학습을 돕기 위한 평가
학습과 평가의 관계	평가와 학습이 명확하게 구분됨	평가와 학습이 명확하게 구분되지 않음	평가와 학습이 통합
평가 시기	교수학습이 완료된 후	교수학습 진행 전, 진행 중	교수학습 전 과정
평가 방법	총괄평가	진단평가, 형성평가	
평가 주체	교사평가	교사평가, 자기평가, 동료평가	자기평가, 동료평가
평가 준거	상대평가	절대평가	
평가 관점	결과중심평가	결과중심평가, 과정중심평가	

출처: 『과정중심평가란 무엇인가?』, 강대일 · 정창규

교육과정 수업 평가 기록(교수평기) 일체화란?

교수평기 일체화는 '학습을 위한 평가'나 '학습으로서의 평가'를 기본에 두고 있습니다. 흔히들 교수평기 일체화라고 하면 교육과정을 재구성하고, 그것을 바탕으로 수업한 후 평가하는 것으로 생각하기 쉽습니다. 그러나 교수평기 일체화는 이렇게 순차적으로 일어나는 것이 아니라 수업과 평가, 기록(채점)이 동시에 일어나도록 교육과정을 재구성하고, 그에 따라 수업과 평가, 기록(채점)을 동시 진행하는 것을 말합니다. 다른 말로 하면 학습을 위한 평가와 학습으로서의 평가를 실시하는 것이라고 할 수 있습니다. 다음 그림을 보면 순차적으로 진행하는 것과 동시에 진행하는 것에 엄청난 차이가 있다는 것을 알 수 있을 겁니다.

앞에서 예로 든 수업으로 교수평기 일체화를 설명한다면 다음과 같습니다. 이 수업은 학생이 여러 가지 재미있는 말을 사용해 시를 쓰는 수업입니다. 학생은 시를 쓰는 수업을 하고 있지만, 이 시로 평가받기도 합니다. 수업과 평가가 동시에 진행되고 있는 거죠. 학생이 쓰는 시를 보고, 교사는 바로바로 피드백합니다. 또, 학생이 시를 다 쓰면 채점기준표에 따라 그 시를 채점(기록)합니다. 그러니까 기록도 동시에 이루어지는 것입니다. 이런 식으로 교육과정, 수업, 평가 그리고 기록까지 수업 시간에 모두 이루어지기 때문에 교수평기 일체화라고 할 수 있습니다.

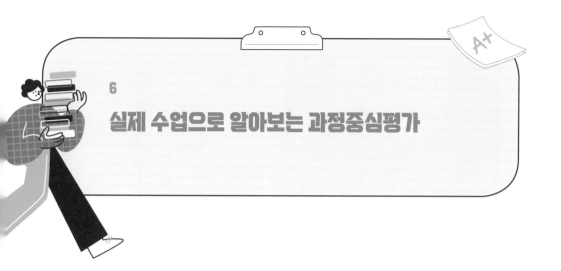

6 실제 수업으로 알아보는 과정중심평가

과정중심평가가 학교 현장에 들어오면서 다소 혼란스러운 분위기가 되었습니다. 2022 개정 교육과정에서는 평가의 기본 원칙을 과정중심평가에 두고 있습니다. 그에 따른 요구가 많은 것에 비해, 실제 현장에서는 과정중심평가에 관한 이해가 부족한 것 역시 사실입니다. 따라서 이 책에서는 과정중심평가가 무엇이고, 어떻게 실시해야 하는지를 알아볼까 합니다.

먼저 과정중심평가가 무엇인지 정의부터 살펴보겠습니다. 교육부와 한국교육과정평가원에서는 다음과 같이 정의합니다.

"과정중심평가란 교육과정 성취기준에 기반한 평가계획에 따라 교수학습 과정에서 학생의 변화와 성장에 관한 자료를 다각적으로 수집해 적절한 피드백을 제공함으로 교사와 학생의 상호작용이 이루어지는 평가"

『과정중심평가란 무엇인가?』(강대일·정창규)에서 재인용과정중심평가는 교수평가 일체화와 같은 맥락에서 이해할 수 있습니다. 교수평가 일체화 수업을 하면 그게 바로 과정중심평가가 되기 때문입니다. 과정중심평가를 키워드로 정리해 보겠습니다.

키워드 1: 성취기준에 기반한 평가

성취기준에 기반한 평가라서 기준(준거)참조평가라는 것을 알 수 있습니다.

키워드 2: 교수학습 과정

교수학습과정에서 평가가 이루어지기 때문에 '학습을 위한 평가' 혹은 '학습으로서의 평가'라는 점을 알 수 있습니다.

키워드 3: 다각적인 자료 수집과 피드백

학생의 변화와 성장을 위한 다각적인 자료를 수집하려면 수업과 평가가 동시에 이루어져야 합니다. 그래야 학생의 다각적인 자료를 수집할 수 있으니까요. 수업과 평가가 동시에 이루어져야 하기 때문에 교수평가 일체화라고 할 수 있습니다.

또한 피드백은 과정 중심 평가의 핵심입니다. 학생에게 피드백을 주려면 학생의 부족한 점을 수집해, 학습이 목표한 곳에 이르도록 도와주어야 합니다. 그러기 위해서는 학생 스스로 현재 위치를 알아야 하고, 그 현재 위치는 채점기준표에서 확인할 수 있습니다.

앞의 시 쓰기 수업에서 어떤 학생이 재미있는 말을 한 번만 사용했다면 교사는 그것을 확인하고, 두 번 사용하라고 피드백을 줄 수 있겠지요. 채점기준표를 먼저 제시하고, 그에 따라 학생의 현재 수준을 확인하고 피드백을 주는 것은 기준(준거) 참조평가의 전형적인 모습입니다.

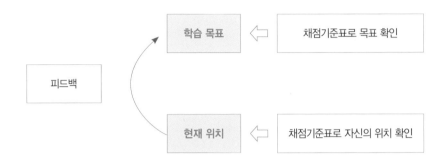

키워드 4: 교사와 학생의 상호작용

앞에서 예로 든 시에서 학생이 다음과 같은 결과를 얻었다면(다음 쪽 채점기준표 참조) 교사는 학생에게 어떤 피드백을 줄 수 있을까요? 교사가 "○○아, 너의 시를 읽어보니 이렇네. 어떻게 생각하니?"라고 물어보면, 학생은 "생생하게 표현하지 않은 것 같아요"라고 말할 것입니다. 교사가 다시 학생에게 "그럼, 앞으로 어떻게 해야겠니?"라고 물어보면 학생은 아마도 생생하게 표현해야겠다고 말하겠죠. 이처럼 과정중심평가는 즉각적인 피드백과 학생과 교사의 상호작용이 활발한 평가입니다. 또 수업 중에 다각적인 정보를 수집해서 학생이 성장하고 발전할 수 있도록 도와주는 평가이기도 합니다.

	일상에서 겪은 일에 관한 자신의 생각이나 느낌이 구체적이고 생생하게 드러나 있다.	구체적이 표현이 생생한 표 만 표현했다.	일상에서 겪은 일에 관한 생각이나 느낌을 표현했으나, 구체적이거나 생생하지 않다.
표현하기	해당 사항에 ✔ 표시 ☑ **구체적으로 표현**(직접 경험한 것을 실제적으로 자세하게 표현) ☐ **생생하게 표현**(눈으로 보는 것처럼 실감나게 표현)		

지금까지 과정중심평가에 대해 알아보았습니다. 과정중심평가는 기준(준거)참조평가, 학습을 위한 평가, 학습으로서의 평가, 교수평가 일체화의 모든 특징을 가지고 있습니다. 따라서 수업과 평가를 따로 보면 과정중심평가를 실천하기 어렵게 됩니다. 이제는 수업과 평가가 다른 것이 아니라, 수업이 곧 평가라는 생각으로 수업을 설계해야 합니다. 이상을 정리하면 과정중심평가와 교수평가 일체화의 수업 절차는 다음과 같습니다.

과정중심평가 & 교수평기 일체화 수업 절차

수업과 평가가 동시에 이루어지도록 수업과 평가 설계
교수평기 일체화

수행과제와 채점기준표 제시
기준(준거)참조평가

수업과 평가 동시에 진행: 피드백
학습을 위한 평가, 학습으로서의 평가, 교수평 일체화

수업과 평가 동시에 완료: 피드백, 채점
학습을 위한 평가, 학습으로서의 평가, 교수평기 일체화

2부

연구부장도 궁금해하는
성취기준, 평가기준 사용설명서

1

최무연의 도장 깨기
: 의외로 잘 모르는 '○○기준' 사용법

지금까지 기준(준거)참조교육과 평가에 대해 알아보았습니다. 그렇다면 기준(준거)참조평가에서 가장 중요한 것은 무엇일까요? 네, 맞습니다. 바로 '기준'입니다. 그렇다면 학교에서 사용하는 '기준'에는 무엇이 있을까요?

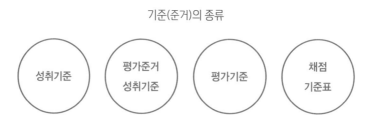

기준(준거)의 종류

성취기준 평가준거 성취기준 평가기준 채점 기준표

성취기준, 평가준거 성취기준, 평가기준, 채점기준표가 있습니다. 기준참조교육과 평가는 기준을 참조하는 교육과 평가이기 때문에 무엇보다도 '기준'을 잘 알고 잘 다루어야 합니다. 기준은 수업과 평가를 하기 위한 직접적인 도구이기 때문이지요. 사실 학교 현장에서는 이 기준에 관한 이해가 부족한 것 같은 상황을 자주 마주칩니다. 그래서 이번 장에서는 이들 '기준'에 대해 하나씩 알아보도록 하겠습니다.

이 '기준'이 어디 있는지 찾아본 적 있나요? 성취기준, 평가준거 성취기준, 평가기준은 국가에서 개발해 제공하는 것으로 국가교육과정정보센터(NCIC)에서 다운로드할 수 있습니다. 국가교육과정정보센터 홈페이지를 보면 우리나라 전 교육과정을 모두 찾아볼 수 있습니다. 물론 새로 개정된 2022 개정 교육과정도 수록되어 있습니다. 하지만 단 하나, 채점기준표는 없습니다. 채점기준표는 국가에서 제공하는 게 아니라 교사가 개발해야 하기 때문입니다. 채점기준표 개발은 이 책에서 다루는 아주 중요한 내용이기도 합니다.

국가교육과정정보센터(NCIC) 홈페이지

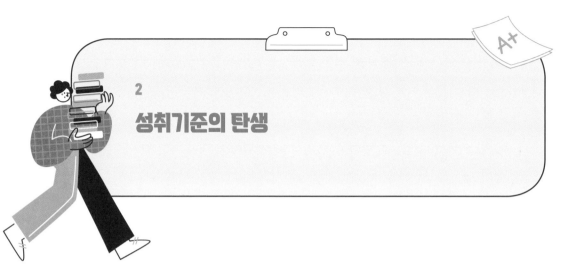

성취기준 ⇨ (평가준거 성취기준) ⇨ 평가기준 ⇨ 채점 기준표

여러분은 '기준' 하면 가장 먼저 무엇이 떠오르나요? 아마 '성취기준'이 떠오를 겁니다. 사실 수업과 평가가 이렇게 바뀌게 된 데는 성취기준의 도입이 결정적인 역할을 했다고 할 수 있습니다. 전에는 주로 교과서 위주로 지식을 전달하는 수업을 했는데, 성취기준이 도입되면서부터 수업의 모습이 달라졌으니까요.

적어도 성취기준이 도입되기 전에는 '교육과정재구성'이라는 말이 없었거든요. 이때는 교과서가 중요했습니다. 교사는 교과서의 지식을 잘 전달하는 역할을 했었습니다. 교육과정재구성보다는 수업 기술이 중요했고요. 그런데 성취기준이 도입되면서부터는 수업 기술뿐만 아니라, 교사의 교육과정 재구성 능력도 중요하게 여기게 되었습니다.

성취기준 도입이 실제로 수업과 평가에 변화를 가져왔는지 한번 살펴볼까요? 국가교육과정정보센터(ncic.re.kr)에 들어가면 우리나라 교육과정의 변화를 한눈에 볼 수 있습니다. 다음은 우리나라 교육과정 개정 과정을 시대별, 차수별로 나타낸 것입니다. 다음 자료에서 눈에 띄게 변하는 지점이 보이나요?

1차부터 7차까지는 '1차 교육과정, 2차 교육과정'처럼 차수로 부르다가 갑자기 '2007 개정 교육과정'이라고 부른다는 걸 알 수 있습니다. 뭐가 달라졌기에 이름부터 확 바뀌었을까요? 짐작하는 것처럼 2007 개정 교육과정부터는 성취기준이 도입되었습니다. 성취기준을 도입하고, 시대의 요구에 따라 성취기준을 개정해 나가자는 취지로 교육과정을 개정 시기에 맞추어 부르기로 한 것이지요.

성취기준이 있고, 없는 것이 뭐가 다르지?

'성취기준이 도입되었다고 정말 수업과 평가가 바뀔까?' '성취기준'이라는 말을 듣고 처음 든 생각이 이것이었습니다. 성취기준 도입이 수업과 평가에 엄청난 변화를 가져왔다는데, 실제로 체감되지는 않았거든요. 그래서 성취기준 유무에 따라 정말 수업이 달라지는지 비교해 보기로 했습니다. 비교 주제는 실과 과목의 '요리'입니다.

7차 교육과정

[나] 우리가 매일 접하는 밥과 빵을 이용해 간단한 음식을 만들 수 있다.

7차 교육과정 먼저 보겠습니다. 만약 위 내용으로 교과서를 만들고, 수업과 평가를 해야 한다면 어떻게 해야 할까요? 밥과 빵을 이용해 비교적 간단한 음식인 김치볶음밥이나 샌드위치 만들기 수업을 할 수 있죠. 교과서에도 김치볶음밥이나 샌드위치 만드는 내용이 수록될 거고, 교사는 이 음식들을 만드는 과정을 수업합니다. 수업이 끝나면 샌드위치 만드는 과정을 평가하겠지요. 앞에서 예로 든 〈최고의 요리비결〉 같은 수업입니다.

2022 개정 교육과정

[6실02-05] 음식의 조리과정을 체험해 자기 간식이나 식사를 스스로 마련하는 식생활을 실천한다.

그렇다면 '성취기준'이 있는 2022 개정 교육과정은 어떨까요? 성취기준이 이렇다면 교과서와 수업의 내용이 달라질 수밖에 없습니다. 먼저 학생들에게 어떤 음식을 만들어 보았는지 물어보고, 그때 과정이 어땠는지, 어떤 음식을 만들고 싶은지도 알아보고, 학생들에게 조리과정을 체험하게 하겠지요. 좋아하는 간식과 식사를 생각해 보고, 어떻게 하는 것이 나에게 적합한지 고민해 음식을 만들도록 할 겁니다. 〈윤식당〉 같은 수업이죠.

성취기준이 수업과 평가에 주는 영향이 느껴지나요? 성취기준의 도입은 수업과 평가에 커다란 영향을 주었습니다. 그래서 교육과정 수업 평가를 이해하려면 무엇보다 성취기준에 관한 이해가 필요하다고 강조하는 겁니다. 도입 전후에 바뀐 내용을 간단히 정리하면 다음과 같습니다.

성취기준이 없을 때
지식 중심
지식의 축적
결과 중심
얼마나 많이, 빨리
양적평가

성취기준이 있을 때
역량 중심
지식, 기능, 태도
과정 중심
왜, 어떻게
질적평가

출처: 경기도교육연수원

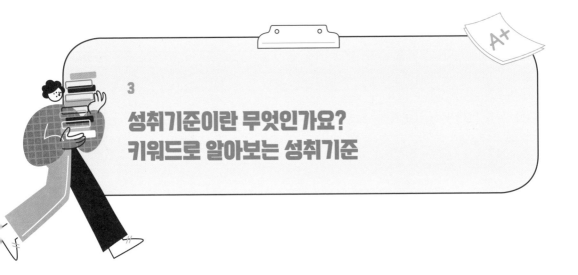

3

성취기준이란 무엇인가요?
키워드로 알아보는 성취기준

성취기준은 교육과정 수업 평가의 출발점이자, 교사가 만나는 첫 번째 기준이기도 합니다. 기준 중에서도 가장 기본이 되는 기준이라고 할 수 있지요. 성취기준은 국가에서 개정 고시하는데요. 국가에서 하는 만큼 각 교과에서 달성해야 할 목표를 가장 크고 포괄적으로 제시합니다. 교육부에서는 성취기준을 다음과 같이 설명하고 있습니다.

"교과를 통해 학생들이 배워야 할 지식과 기능, 수업 후 학생들이 할 수 있어야 할, 또는 할 수 있기를 기대하는 능력을 나타내는 결과 중심의 도달점, 교과의 내용

(지식)을 적용하고 문제해결을 하는 수행 능력"

교육과정 성취기준이 무엇인지 읽어보았는데요. 사실 성취기준을 읽어보면 무엇을 이야기하는지 눈에 잘 안 들어오는 경우가 많습니다. 그래서 조금 더 쉽게 이해하기 위해 키워드로 알아보겠습니다.

키워드 1: 지식과 기능

첫 번째 키워드는 '지식과 기능'입니다. 좀 길긴 하지만 교육부 성취기준은 한 문장으로 기술되어 있습니다. 이 문장의 내용을 찬찬히 들여다보면 '지식'과 '기능'으로 구성되어 있다는 걸 알 수 있습니다. 여기서 '지식'은 학생이 알아야 할 것 또는 배워야 할 것을 말합니다. 그리고 '기능'은 학생이 '해야 할 것' 또는 '할 수 있기를 기대하는 능력'입니다.

풀어보면 성취기준은 학생이 '알아야 할' 혹은 '배워야 할' 지식과 학생이 '해야 할' 혹은 '할 수 있기를 기대하는' 기능으로 구성된다는 말입니다. 직접 확인해볼까요?

2015 개정 교육과정

[6국04-04] 관용 표현을 이해하고 적절하게 활용한다.

이 성취기준은 다음과 같이 구성되어 있습니다.

그럼 2022 개정 교육과정은 어떨까요? 2015 개정 교육과정에서는 지식과 기능으로 구성했지만, 2022 개정 교육과정에서는 지식·이해, 과정·기능, 가치·태도 세 가지로 구분하고 있습니다. 그리고 이 셋 중 두 개의 내용을 서로 조합해 구성합니다. 이런 식으로요.

2022 개정 교육과정 성취기준은 어떤지 알아볼까요.

2022 개정 교육과정

[4국04-03] 기본적인 문장의 짜임을 이해하고 적절하게 사용한다.

하나 더 알아볼까요?

2022 개정 교육과정

[4국04-05] 언어가 의사소통과 관계 형성의 수단임을 이해하고 국어를 소중히 여기는 태도를 지닌다.

2022 개정 교육과정

[6국05-06] 작품을 읽고 자신의 삶과 연관 지어 성찰하는 태도를 지닌다.

교육과정을 개정하면 '내용체계 및 성취기준'이라는 항목을 통해 성취기준 내용체계를 한눈에 파악할 수 있도록 잘 정리해 놓습니다. 다음 표는 2022 개정 교육과정 국어과 문학 영역의 내용체계입니다.

범주		내용 요소			
		초등학교			중학교
		1~2학년	3~4학년	5~6학년	1~3학년
지식·이해	갈래	· 시, 노래 · 이야기, 그림책	· 시 · 이야기 · 극	· 시 · 소설 · 극 · 수필	· 서정 · 서사 · 극 · 교술
	맥락		· 독자 맥락	· 작가 맥락 · 독자 맥락	· 작가 맥락 · 독자 맥락 · 사회·문화적 맥락
과정·기능	작품 읽기와 이해	· 낭송하기, 말놀이하기 · 말의 재미 느끼기	· 자신의 경험을 바탕으로 읽기 · 사실과 허구의 차이 이해하기	· 작가의 의도를 생각하며 읽기 · 갈래의 기본 특성 이해하기	· 사회·문화적 상황을 생각하며 읽기 · 연관된 작품들과의 관계 이해하기
	해석과 감상	· 작품 속 인물 상상하기 · 작품 읽고 느낀 점 말하기	· 인물의 성격과 역할 파악하기 · 이야기의 흐름 생각하며 감상하기	· 인물, 사건, 배경 파악하기 · 비유적 표현에 유의해 감상하기	· 근거를 바탕으로 작품 해석하기 · 갈등의 진행과 해결 과정 파악하기 · 보는 이, 말하는 이의 효과 파악하기 · 운율, 비유, 상징의 특성과 효과를 생각하며 감상하기
	비평		· 마음에 드는 작품 소개하기	· 인상적인 부분을 중심으로 작품에 대해 의견 나누기	· 다양한 해석 비교·평가하기

범주		내용 요소			
		초등학교			중학교
		1~2학년	3~4학년	5~6학년	1~3학년
과정 · 기능	창작	· 시, 노래, 이야기, 그림 등 다양한 형식으로 표현하기	· 감각적 표현 활용해 표현하기	· 갈래 특성에 따라 표현하기	· 개성적 발상과 표현으로 형상화하기
가치 · 태도		· 문학에 관한 흥미	· 작품 감상의 즐거움	· 문학을 통한 자아 성찰 · 문학 소통의 즐거움	· 문학을 통한 타자 이해 · 문학을 통해 공동체 문제에 참여 · 문학의 가치 내면화

2022 개정 교육과정에서 성취기준을 지식·이해, 과정·기능, 가치·태도로 나누긴 했지만, 성취기준을 지식과 기능으로 나눈다는 면에서 보면 2015와 2022 개정 교육과정에 큰 차이는 없습니다. 2015 개정 교육과정의 '지식'은 2022 개정 교육과정의 '지식·이해'로, 2015 개정 교육과정의 '기능'은 2022 개정 교육과정의 '과정·기능'과 '가치·태도'로 나뉘었을 뿐이죠. 성취기준의 내용은 기본적으로 지식과 기능으로 구성된다는 성격은 변한 게 없습니다.

	2015 개정 교육과정	2022 개정 교육과정
알아야 할 것	지식	지식 · 이해
해야 할 것	기능	과정 · 기능
		가치 · 태도

키워드 2: 도달점

두 번째 키워드는 '도달점'입니다. 성취기준은 도달점 중심으로 기술되어 있습니다. 도달점이라는 것은 목표를 달성했을 때의 모습입니다. 도달점이 있다면 당연히 출발점도 있겠지요? 그럼, 출발점에서 도달점까지 가려면 무엇이 필요할까요? 도착하기까지의 과정이 필요할 겁니다. 그래서 요즘 과정에 관한 이야기가 많은 겁니다. 과정중심평가나 피드백 같은 말들이 많이 나오는 이유는 바로 성취기준이 도달점 중심으로 기술되었기 때문입니다.

키워드 3: 수행능력

세 번째 키워드는 '수행능력'입니다. 학습자는 도달점에 도달하기 위해 교과의 내용(지식)을 적용하고 문제해결을 하면서 와야 하는데, 이를 '수행능력'이라고 합니다. 교사는 학생의 수행능력을 보고 도달 정도를 평가하는데, 이를 '수행평가'라고 합니다. 학생이 보여주어야 할 수행능력은 다른 말로 하면 학생이 수행해야 할 과제가 되기 때문에, 수행능력은 수행과제를 해결하는 능력이라고 할 수 있습니다.

수행능력	=	수행과제 해결 능력

이상을 정리해서 다시 한번 성취기준을 알아볼까요?

2015 개정 교육과정

[4사02-03] 옛사람들의 생활 도구나 주거 형태를 알아보고, 오늘날의 생활 모습과

비교해 그 변화상을 탐색한다.

지식: 옛사람들의 생활 도구나 주거 형태, 오늘날 생활 모습

기능: 오늘날의 생활 모습과 비교해 그 변화상을 탐색한다.

도달점: 변화상 탐색

수행능력: 알아보고 비교해 그 변화상을 탐색하는 것 → 수행과제

2022 개정 교육과정도 마찬가지입니다.

2022 개정 교육과정

[2국04-01] 한글 자모의 이름과 소릿값을 알고 정확하게 발음하고 쓴다.

지식 · 이해: 한글 자모의 이름과 소릿값

과정 · 기능: 정확하게 발음하고 쓴다.

도달점: 정확하게 발음하고 쓸 수 있는 지점

수행능력: 정확하게 발음하고 쓰는 것 → 수행과제

4

(성취기준 사용설명서 1)
성취기준 분석은 어떻게 하는 건가요?

성취기준은 교육과정 수업 평가의 출발점이라고 할 수 있습니다. 교육과정 수업 평가는 결국 성취기준에 의해 결정되지요. 그래서 수업이든 평가든, 무엇을 하든 간에 제일 먼저 나오는 것이 바로 성취기준 분석입니다. 사실 지금까지는 성취기준 분석의 중요성만을 강조했을 뿐, 성취기준 분석에 관한 구체적인 방법을 제시하는 곳이 많지 않았습니다.

성취기준을 분석하라고 하면 어떻게 하는지 모른 채 뜬구름 잡는 느낌이 들죠. 그래서 그동안의 경험을 토대로 『학생 중심수업, 교육과정을 디자인하다』에서 여섯 단계로 성취기준을 분석하는 방법을 만들었습니다. 본격적으로 들어가기 전에 성취기준을 분석하는 단계를 한 번 읽어보고 시작합시다.

성취기준 분석하는 법

첫째, 성취기준에서 지식과 기능으로 분리하라
둘째, 지식을 확인하고, 학습 요소를 찾아라
셋째, 성취기준에서 동사를 찾고, 그 의미를 해석하라
넷째, 동사를 해석하여 수행과제(활동)를 결정하라
다섯째, 프로젝트 결과물을 결정하라
여섯째, 결과물을 발표할 방법을 찾아라

출처: 『학생 중심수업, 교육과정을 디자인하다』, 최무연

그럼, 지금부터 위의 여섯 단계에 맞추어 성취기준을 분석해 보겠습니다.

첫째, 성취기준에서 지식과 기능으로 분리하라

앞에서 성취기준의 내용은 '지식'과 '기능'으로 구성되어 있다고 설명했습니다. 따라서 성취기준을 분석하려면 성취기준의 내용인 '지식'과 '기능'을 파악하는 것에서 시작해야 합니다. 2022 개정 교육과정은 지식 · 이해, 과정 · 기능, 가치 · 태도로 나누면 되겠지요.

2022 개정 교육과정

[4국05-04] 감각적 표현에 유의해 작품을 감상하고, 감각적 표현을 활용해 자신의 생각이나 감정을 표현한다.

예를 들어 위 성취기준을 지식과 기능으로 나누면 다음과 같습니다. 이렇게 분리하면 학생들이 무엇을 알아야 하고, 무엇을 해야 하는지가 명확하게 보입니다.

둘째, 지식을 확인하고, 학습요소를 찾아라

성취기준을 지식과 기능으로 분리했다면, 이제는 지식에서 학습요소를 찾아야 합니다. 학습요소는 구체적으로 학생들이 알아야 할 내용을 말합니다. 여기에서는 감각적 표현에 관한 구체적인 내용이 학습요소가 됩니다.

성취기준은 지식을 학습해서, 이를 적용해 문제를 해결하도록(기능) 구성되어 있습니다. 따라서 '기능'을 잘 수행하려면 '지식'을 알아야 합니다. 요즘은 지식을 가르치는 걸 등한시하는 경향이 있습니다. 지식을 강조하면 지식 위주의 수업이라고 비판받기도 합니다. 그러나 지식은 성취기준의 50%를 차지하는 아주 중요한 요소입니다. 교사는 성취기준을 분석하면서 학생들이 알아야 할 지식이 무엇이고, 이를 어떻게 가르칠지 전략적으로 접근해야 합니다. 위의 성취기준만 봐도 학생들이 감각적 표현이 무엇인지를 알아야 이를 활용해서 자신의 생각을 표현할 수 있을 테니까요.

셋째, 성취기준에서 동사를 찾고, 그 의미를 해석하라

성취기준을 분석하는데 갑자기 '동사'가 나와서 어리둥절할 수도 있겠네요. 내용을 살펴보면 그 이유를 알 수 있습니다. 먼저 성취기준을 잘 살펴보면 지식은 '명사' 혹은 '명사형'이라는 것을 알 수 있습니다. 그럼, 성취기준의 '기능'은 어떨까요? 네, 맞습니다. 성취기준의 기능은 '동사'로 되어 있습니다.

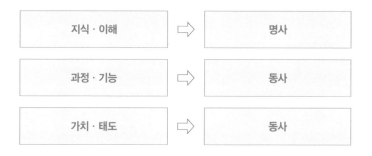

여기서 지식은 해석할 필요가 없습니다. 그저 지식이 무엇인지 확인만 하면 됩니다. 교사는 학생이 알아야 할 지식이 '감각적 표현'이라는 것만 확인하면 된다는 뜻입니다. 해석까지는 필요 없죠.

| 지식(명사) | ⇨ | 감각적 표현(확인) |

　그러나 동사는 다릅니다. 동사는 동사가 의미하는 것이 무엇인지를 해석해야 합니다. 위 예에서 성취기준의 기능은 '표현한다'라는 동사입니다. 그러면 교사는 '표현한다'가 무엇을 의미하는지 해석해야 합니다. 국어 교과에서 '표현한다'가 무엇일까요? 아마도 '말하기' 아니면 '쓰기'일 겁니다. 교육과정 성취기준에는 '표현한다'로 되어 있으나 교사는 이를 '말하기' 또는 '쓰기' 등으로 해석해야 한다는 의미입니다.

　교사가 '표현한다'를 말하기로 해석하면 이 수업은 말하기 수업이 되는 것이고, '쓰기'로 해석하면 쓰기 수업이 됩니다. 따라서 동사를 해석하는 것은 수업과 평가의 방향을 결정하는 아주 중요한 일입니다. 여기서 저는 '표현한다'를 '쓰기'로 해석했습니다.

| 과정 · 기능(동사) | ⇨ | 표현한다(해석) | ⇨ | 쓰기 |

　성취기준은 국가에서 제시하는 교과의 세부 목표입니다. 따라서 성취기준에서는 구체적인 행위를 나타내는 동사가 아니라 포괄적인 동사를 사용합니다. 이렇게 포괄적으로 제시된 동사를 교사는 구체적으로 해석해야 하죠. 그래서 교육과정을 재구성할 때 성취기준의 동사를 해석하는 것은 매우 중요한 일입니다. 수업과 평가의 방향을 설정하니까요. 요즘 '교육과정 문해력'이라는 말이 많이 나오고 있는데, 사실 교육과정 문해력의 가장 중요한 요소는 '동사의 해석'이라고 해도 과언이

아닙니다.

　교육과정에서 성취기준을 포괄적으로 표현하는 일은 앞으로 점점 더 늘어날 것이라 예상합니다. 동사를 해석하는 일은 앞으로 더 중요해지겠죠. 당장 2022 개정 교육과정만 봐도 2015 개정 교육과정보다 훨씬 더 포괄적인 동사로 기술되어 있다는 걸 확인할 수 있습니다. 실제 사례를 통해 동사 해석의 중요성을 확인해 보겠습니다.

(2022) [4국04-02] 단어를 분류하고 국어사전을 활용해 능동적인 국어 활동을 한다.

　이 성취기준은 아예 '능동적인 국어 활동을 한다'라고 표현되어 있네요. 그렇다면 교사는 능동적인 국어 활동이 무엇인지를 해석해야 합니다. 사실 성취기준이 이렇게 포괄적이면 교사는 고민이 시작됩니다. 이때, 동사의 해석에 도움을 주는 것이 두 가지 있습니다. 하나는 성취기준 해설이고, 다른 하나는 평가기준입니다. 자세한 것은 평가기준 사용설명서에서 알아보겠습니다.

넷째, 동사를 해석해 수행과제를 결정하라

| 표현한다 | ⇨ | 무엇을 표현할까? |

　위 성취기준에서 동사 '표현하다'를 '쓰기'로 해석했다면, 그다음에는 무엇을 쓰게 해야 할지를 결정해야 합니다. 그것이 바로 수행과제가 될 테니까요. 이것 역시 동사의 해석과 같은데요. 우선 자신의 생각이나 느낌을 표현하는 것이기 때문

에 설명문이나 주장하는 글은 아닐 겁니다. 그럼, 자신의 생각이나 느낌을 표현하는 것은 어떤 영역일까요? 맞습니다. '문학' 영역이죠.

성취기준 코드번호 [4국05-04]에서 '05'는 문학 영역입니다. 따라서 여기서 '표현한다'는 것은 문학 영역을 의미한다고 해석할 수 있습니다. 자, 고민은 계속됩니다. 그럼 수많은 문학 영역 중 무엇을 표현하게 하면 좋을까요? 문학 장르 중 생각과 느낌을 표현하는 대표적인 장르가 무엇일지 생각할 필요가 있습니다.

저는 문학 장르 중 생각과 느낌을 표현하는 대표적인 장르는 '시'라고 해석했습니다. 그래서 이 '표현한다'를 '시를 쓴다'로 해석한 거죠. 여기까지 했으면 이제 수행과제가 결정됩니다. 수행과제는 바로 '시 쓰기'가 될 겁니다. 물론 반드시 시를 쓰는 것으로 한정할 필요는 없습니다. 다른 장르도 되겠지요. 만약 시가 아니라 수필이라고 해석하면 수행과제는 '수필 쓰기'가 될 것입니다.

이처럼 교사가 동사를 어떻게 해석하느냐에 따라 수업과 평가의 방법이 달라집니다. 그래서 동사의 해석은 성취기준 분석의 핵심 중 핵심이라고 강조하는 것입니다. 사실 지금까지 우리나라 교육은 지식(명사) 중심의 수업이었다고 할 수 있습니다. 그러나 지금부터는 수업을 기능(동사) 중심으로 바꾸어야 합니다.

예를 들어 앞에서 설명한 성취기준의 경우, 이 수업을 명사(지식) 중심으로 보면 '감각적 표현'을 배우는 수업이 됩니다. 그러나 동사(기능) 중심으로 보면 감각적 표현을 활용해서 '시를 쓰는' 수업이 됩니다. 이처럼 지식(명사) 중심으로 수업을 보는 것과 기능(동사) 중심으로 수업을 보는 것에는 큰 차이가 있습니다. 평가도 마찬가지입니다. 수업이 동사 중심으로 바뀌었기 때문에, 평가도 동사 중심으로 바뀌어야 하니까요. 이래저래 동사를 해석하는 능력이 더더욱 필요한 시점입니다.

다섯 번째, 프로젝트 결과물을 결정하라

수행과제가 결정되면 자연스럽게 결과물도 결정됩니다. 위의 성취기준에서 '표현한다'를 '시 쓰기'로 해석했다면 수행과제는 '시 쓰기'가 되는 것이고, 결과물은 '시'가 될 것입니다.

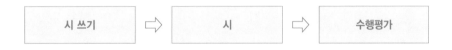

이렇게 결정된 결과물은 평가 대상이 됩니다. 일반적으로 교수평기 일체화와 과정중심평가가 들어간 수업을 하려면 수행과제의 결과물을 평가와 연계시켜야 합니다. 수행과제와 결과물이 수업과 연계되었다면 따로 수행평가를 하지 않아도 괜찮습니다. 예를 들어 위 성취기준에서 수행과제인 시 쓰기가 수업과 연계된다면 학생들은 시를 쓰게 될 것이고, 자연스럽게 이 시는 결과물이 되고, 평가의 대상이 되니까요. 결과적으로 별도의 수행평가 없이 수업이 곧 평가인 교수평기 일체화와 과정중심평가를 할 수 있습니다.

여섯째, 결과물을 발표할 방법을 찾아라

결과물 발표는 프로젝트 수업에서 강조하는 것입니다. 프로젝트 수업에서는 학습 결과물 공유를 중요하게 생각하지요. 따라서 프로젝트 수업으로 수업을 설계한다면 반드시 발표회를 열어야 합니다. 위 예에서는 시를 썼으니 시 전시회나 시 낭송회 정도가 되겠지요.

수업을 제대로 재구성했는지 자신 없어 하는 선생님들을 만나곤 합니다. 그럴 때는 성취기준을 살펴보세요. 만약 성취기준의 지식과 기능을 모두 자신의 교육과정에 넣었다면 교육과정 재구성을 잘한 것이고, 그렇지 않다면 잘못한 것이 됩니다.

(2015) [2슬04-03] 여름에 볼 수 있는 동식물을 다양하게 표현하고 감상한다.

위와 같은 성취기준으로 교육과정을 재구성했다고 가정해 보겠습니다. 여름에 볼 수 있는 동식물을 찾아보고, 학생들이 동식물을 표현하고, 감상하는 수업을 했다면 성취기준에 맞게 수업을 잘 구성한 것입니다. 하지만 감상 부분을 가볍게 여기고 동식물을 표현하게만 했다면, 비록 이 수업을 교과서로 했더라도 성취기준에 맞게 수업했다고 할 수는 없습니다.

지금까지 성취기준 분석하는 법을 알아보았는데요. 성취기준 분석은 교육과정 수업 평가 모두 적용되는 것으로 그 활용도가 매우 높습니다. 교육과정에서도 성취기준 분석, 수업에서도 성취기준 분석, 평가에서도 성취기준 분석을 이야기합니다. 따라서 교육과정 수업 평가를 잘하려면 반드시 성취기준을 이해해야 합니다.

(성취기준 사용설명서 2)
통합성취기준은 무엇이고, 어떻게 만드나요?

성취기준 ⇨ (평가준거 성취기준) ⇨ 평가기준 ⇨ 채점 기준표

이번에는 통합성취기준을 알아보겠습니다. 교육과정 재구성이 일반화되고, 프로젝트 수업 같은 주제 중심 수업이 많아지면서 통합성취기준에 관한 관심이 높아지고 있습니다. 통합성취기준은 교사가 성취기준을 통합해 재구조화하는 것을 말합니다. 각각 흩어져 있는 성취기준을 모아 하나의 주제로 통합해 운영하는 것이죠.

통합성취기준의 장점

통합성취기준으로 수업하면 다음과 같은 좋은 점이 있습니다.

첫째, 여러 성취기준을 통합하면 단일 성취기준으로 수업할 때보다 다양한 역량을 실현할 수 있습니다. 역량 중심 교육과정이라는 말에서 알 수 있듯이, 요즘은 학생의 역량 강화를 중요하게 생각합니다. 역량은 하나의 형태로 나타나는 게 아니라 복합적인 요인이 결합했을 때 최대로 발휘될 수 있습니다. 따라서 학생들의 역량을 개발하는 것이 목적이라면 하나의 성취기준보다는 여러 성취기준을 모으거나 재구조화하는 것이 더 효과적일 것입니다.

둘째, 시간을 효율적으로 사용할 수 있습니다. 교육과정을 재구성해서 수업하다 보면 수업 시간이 늘 부족합니다. 그런데 성취기준을 하나의 주제로 모아 수업할 수 있다면, 각각의 성취기준으로 수업할 때보다 겹치는 내용을 줄일 수 있으니 그만큼 수업 시간을 더 많이 확보할 수 있습니다.

셋째, 평가 부담을 줄일 수 있습니다. 주제 중심으로 성취기준을 통합해서 평가하면, 하나의 결과물로 여러 개의 성취기준을 평가할 수 있어서 평가 부담을 줄일 수 있습니다.

통합성취기준 구성하기

통합성취기준의 장점을 알아도 학교 현장에서 바로 적용하는 게 아직 부담스러운 것이 사실입니다. 통합성취기준은 어떻게 구성해야 할까요? 구체적인 방법이 정해져 있는 것은 아니지만, 이번에도 역시 제 경험을 토대로 통합성취기준 구성 방법에 대해 알아보도록 하겠습니다.

첫째, 주제를 결정합니다.

통합성취기준은 주제 중심으로 성취기준을 모으는 것이라서 먼저 주제를 선정해야 합니다. 주제를 정하는 방법은 두 가지가 있습니다. 하나는 주제를 먼저 정하고, 주제에 어울리는 성취기준을 가져오는 것입니다. 다른 하나는 성취기준을 보고 주제를 정하고, 관련 성취기준을 추가하는 것입니다. 어떤 방법을 사용하든 성취기준을 재배열하고, 서로 연관성을 찾아가는 것은 같다고 할 수 있습니다. 개인적으로 성취기준을 먼저 정하고, 관련 성취기준을 가져오는 방법을 선호합니다. 구체적으로 알아보겠습니다. 저는 다음과 같은 성취기준을 메인으로 정했습니다.

(2015) [4사03-06] 주민 참여를 통해 지역 문제를 해결하는 방안을 살펴보고, 지역 문제의 해결에 참여하는 태도를 기른다.

(2022) [4사09-01] 생활 주변에서 찾을 수 있는 여러 가지 문제를 파악하고, 그 문제를 합리적으로 해결하는 능력을 기른다.

위 성취기준은 지역 문제 해결 방안을 살펴보고, 지역 문제 해결에 직접 참여하는 것이 목적입니다. 따라서 주제는 지역사회 문제를 학생들이 직접 찾아본 후 시장님께 직접 제안하는 것으로 정했습니다. 프로젝트 주제는 'ㅇㅇ시장님, 제안할 게 있어요'입니다.

프로젝트 주제: ㅇㅇ시장님, 제안할 게 있어요.

두 번째, 정해진 주제를 실행하는 데 필요한 것을 형식, 내용, 표현으로 나눕니다.

시장님께 제안하는 글을 쓰려면 제안하는 글을 어떻게 써야 하는지를 알아야 합니다. 즉, 글을 쓰는 형식을 알아야 하는 거죠. 그래서 국어 성취기준에서 제안하는 글을 쓰는 것을 찾아보았더니 다행히 다음과 같은 성취기준이 있더군요.

(2015) [4국03-03]관심 있는 주제에 대해 자신의 의견이 드러나게 글을 쓴다.

(2022) [4국03-03] 대상에 관한 자신의 의견과 그렇게 생각한 이유가 드러나게 글을 쓴다.

그런데 교과서를 봤더니 다음과 같은 성취기준도 있었습니다. 어차피 제안하는 글을 쓰려면 문장을 제대로 쓰는 것이 중요하니까 이것도 사용해서 문장의 짜임을 배워도 좋을 것 같았습니다. 그래서 다음 성취기준도 활용하기로 했습니다.

(2015) [4국04-03] 기본적인 문장의 짜임을 이해하고 사용한다.

(2022) [4국04-03] 기본적인 문장의 짜임을 이해하고 적절하게 사용한다.

이 수업은 프로젝트로 진행되었는데, 프로젝트 수업에서는 발표가 중요합니다. 발표가 곧 표현이라고 할 수 있는데요. 프로젝트로 수업하다 보면 결과물을 제작하거나 발표처럼 '표현'에 해당하는 성취기준이 필요할 때가 많습니다. 다행히 다음과 같은 성취기준이 있어 프로젝트 수업 발표회를 성취기준에 맞추어 실시할 수 있었습니다.

(2015) [4국01-04] 적절한 표정, 몸짓, 말투로 말한다.

(2022) [4국01-03] 상황에 적절한 준언어 · 비언어적 표현을 활용해 듣고 말한다.

(2022) [4국01-05] 목적과 주제에 알맞게 자료를 정리해 자신감 있게 발표한다.

이상을 주제별로 정리하면 다음과 같습니다.

〈주제별로 정리하기〉

주제	⇨	지역 문제를 해결하는 방안
보고서	⇨	제안하는 글쓰기
발표	⇨	적절한 표정, 몸짓, 말투
문장 작성	⇨	문장의 짜임

이것을 과목별로 정리하면 다음과 같습니다.

〈과목별로 정리하기〉

	형식	내용	표현
과목	국어	사회	국어
성취기준	제안하는 글	지역사회 참여 지역사회 문제 해결	문장의 짜임 적절한 표정, 몸짓 말투로 말하기

이것을 성취기준별로 정리하면 다음과 같습니다.

〈성취기준별로 정리하기〉

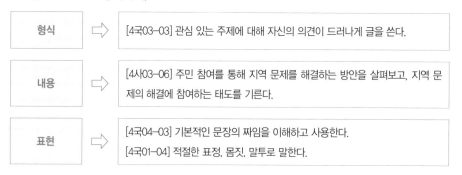

형식 ⇨ [4국03-03] 관심 있는 주제에 대해 자신의 의견이 드러나게 글을 쓴다.

내용 ⇨ [4사03-06] 주민 참여를 통해 지역 문제를 해결하는 방안을 살펴보고, 지역 문제의 해결에 참여하는 태도를 기른다.

표현 ⇨ [4국04-03] 기본적인 문장의 짜임을 이해하고 사용한다.
[4국01-04] 적절한 표정, 몸짓, 말투로 말한다.

가끔 교육과정 성취기준을 재구조화해서 별도의 성취기준을 만드는 경우가 있습니다. 제 경험상 굳이 새로운 통합성취기준을 만들 필요가 있을까 싶습니다. 성취기준으로 수업하면 어차피 해당 성취기준의 지식과 기능을 모두 학생들이 학습해야 하니까요. 성취기준을 재구조화하든 안 하든 수업에서 다루어야 할 내용은 똑같다는 뜻입니다. 따라서 굳이 새로운 통합성취기준을 만들기보다는 있는 성취기준을 그냥 그대로 나열하고, 여기에 맞는 수업을 하는 것이 더 효율적이라고 생각합니다.

성취기준을 통합해서 수업하면 평가는 어떻게 해야 하는지 궁금해하는 선생님들이 있는데요. 성취기준을 통합해서 한 번에 평가해야 하는지, 아니면 각각의 성취기준을 하나씩 하나씩 따로 평가해야 하는지 어려워합니다. 제 답은 '각각의 성취기준을 모두 평가해야 한다'입니다.

건강검진을 예로 들어볼게요. 만약 어떤 사람이 건강검진을 했는데 결과가 좋게 나왔습니다. 그렇다면 건강검진 결과를 통보할 때 어떻게 해야 할까요? 건강검진 항목을 하나하나 검사하고, 각 결과를 알려주겠죠. 그리고 이 자료를 통합한 결과 '건강하다'라고 평가할 겁니다. 통합성취기준도 마찬가지입니다. 하나의 결과물로 각각 다른 영역을 평가하는 것이기 때문에 모든 성취기준을 각각 평가해야 합니다.

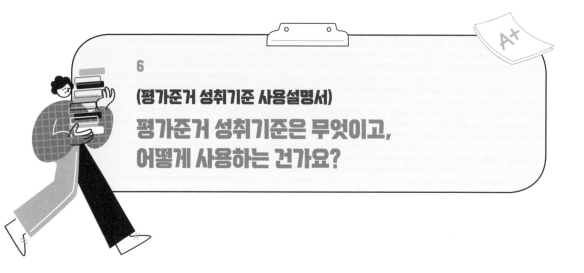

6

(평가준거 성취기준 사용설명서)

평가준거 성취기준은 무엇이고, 어떻게 사용하는 건가요?

성취기준에 이어 두 번째로 알아볼 '기준'은 평가준거 성취기준입니다. 국가교육과정정보센터(NCIC)에서 평가기준을 다운로드해서 살펴보면 종종 '평가준거 성취기준'이라는 것을 발견할 수 있습니다.

(2015) [4수01-03] 세 자리 수의 덧셈과 뺄셈의 계산 원리를 이해하고 그 계산을 할 수 있다.	[평가준거 성취기준 ①] 받아올림이 있는 (세 자리 수)+(세 자리 수)의 계산 원리를 이해하고 그 계산을 할 수 있다.	상	받아올림이 두 번 이상 있는 (세 자리 수)+(세 자리 수)의 계산을 하고, 그 과정을 설명할 수 있다.
		중	받아올림이 두 번 이상 있는 (세 자리 수)+(세 자리 수)의 계산을 할 수 있다.
		하	안내된 절차에 따라 받아올림이 한 번 있는 (세 자리 수)+(세 자리 수)의 계산을 할 수 있다.
	[평가준거 성취기준 ②] 받아내림이 있는 (세자리 수)-(세 자리 수)의 계산원리를 이해하고 그 계산을 할 수 있다.	상	받아내림이 두 번 있는 (세 자리 수)-(세 자리 수)의 계산을 하고, 그 과정을 설명할 수 있다.
		중	받아내림이 두 번 있는 (세 자리 수)-(세 자리 수)의 계산을 할 수 있다.
		하	안내된 절차에 따라 받아내림이 한 번 있는 (세 자리 수)-(세 자리 수)의 계산을 할 수 있다.

사실 그 쓰임새가 많지는 않습니다. 그러나 평가준거 성취기준이 어떤 역할을 하는지 알아야 수업과 평가에서 유용하게 사용할 수 있죠. 교육과정에서는 평가준거 성취기준을 다음과 같이 설명합니다.

"학교에서의 구체적인 평가 상황을 고려해 학생 입장에서는 무엇을 공부하고 성취해야 하는지, 교사 입장에서는 무엇을 가르치고 평가해야 하는지에 관한 보다 구체적인 안내를 제공하기 위해 필요한 경우에 한해 **교육과정 성취기준을 재구성**해 제시함"

애매하겠지만 구체적인 예를 보면 더 쉽게 이해할 수 있습니다. 다음과 같은 성취기준이 있습니다.

(2022) [4수01-03] 세 자리 수의 덧셈과 뺄셈의 계산 원리를 이해하고 그 계산을 할 수 있다.

'세 자리 수의 덧셈과 뺄셈의 계산'을 하는 성취기준입니다. 덧셈과 뺄셈은 그 성격이 다르므로 덧셈과 뺄셈을 나누어서 평가해야 합니다. 따라서 성취기준을 덧셈과 뺄셈으로 나누는 재구성이 필요합니다. 이처럼 성취기준을 '덧셈'과 '뺄셈'으로 나누어서 기술한 것을 '평가준거 성취기준'이라고 합니다.

[평가준거 성취기준 ①]
받아올림이 있는 (세 자리 수)+(세 자리 수)의 계산 원리를 이해하고 그 계산을 할 수 있다.

[4수01-03]
세 자리 수의 덧셈과 뺄셈의 계산 원리를 이해하고 그 계산을 할 수 있다.

[평가준거 성취기준 ②]
받아내림이 있는 (세자리 수)-(세 자리 수)의 계산원리를 이해하고 그 계산을 할 수 있다.

평가준거 성취기준은 흔하지 않고, 몇몇 성취기준에 한해 필요한 경우에만 있습니다. 보통 하나의 성취기준을 2개 이상으로 나누어 재구성해 놓았는데, 가끔 3~4개로 나누어진 것도 있습니다. 평가준거 성취기준 역시 평가의 기준을 마련하기 위한 '성취기준'이므로 다른 성취기준과 똑같은 역할을 합니다.

7

(평가기준 사용설명서)

평가기준이란 무엇이고, 어떻게 사용하는 건가요?

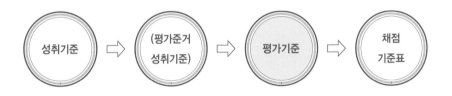

성취기준 ⇨ (평가준거 성취기준) ⇨ 평가기준 ⇨ 채점 기준표

이번에 알아볼 것은 평가기준입니다. 평가기준은 성취기준과 더불어 교육과정 수업 평가에 활용되는 중요한 '기준'입니다. 하지만 평가기준이 무엇이고, 어떻게 사용하는지는 잘 모르는 분이 많으니, 여기서 제대로 다뤄보겠습니다. 평가기준은 성취기준과 마찬가지로 국가교육과정정보센터(NCIC) 홈페이지에서 쉽게 찾을 수 있습니다. 국가교육과정정보센터에서 '평가기준'을 다운로드해 그대로 사용하면 됩니다.

국가교육과정정보센터(NCIC) 홈페이지

평가기준이란?

2015 개정 교육과정에서는 평가기준을 다음과 같이 설명합니다. 참고로 2022 개정 교육과정 평가기준은 집필일 기준으로 아직 발표되지 않아서, 부득이 이번에는 2015 개정 교육과정을 사용하겠습니다. 또한 2022 개정 교육과정에서는 평가기준이 '성취수준'으로 용어가 바뀌었습니다.[1] 그러나 용어가 평가기준에서 성취수준으로 바뀌었을 뿐 그 사용법은 기존과 동일합니다.

---

1 집필일 이후 용어가 바뀌어서 이 책에서는 평가기준이라는 용어를 사용하고 있으며, 2쇄를 하면서 용어가 바뀌었다는 사실을 알려드립니다. 참고로 2009 개정 교육과정에서도 '성취수준'이라는 용어를 사용하였으며, 2015 개정 교육과정에서는 '평가기준'으로 용어를 바꾸었고, 2022 개정 교육과정에서는 다시 '성취수준'으로 용어를 바꾸었습니다. 같은 용어를 이렇게 자주 바꾸면 현장에 혼란이 생길 것 같습니다. 바람직하지 않은 현상이라고 생각합니다.

"평가 활동에서 학생들이 어느 정도의 수준에 도달했는지를 판단하기 위한 실질적인 기준 역할을 할 수 있도록 각 성취기준에 도달한 정도를 상/중/하로 구분하고 각 도달 정도에 속한 학생들이 무엇을 알고 있고, 할 수 있는지를 기술한 것"

평가기준 역시 이해의 편의성을 위해 키워드로 알아보겠습니다.

키워드 1: 실질적인 기준 역할

가장 중요한 키워드는 바로 '실질적인 기준 역할'입니다. 실질적인 기준 역할이 무슨 뜻인지 예를 들어 알아보겠습니다. 다음과 같은 성취기준이 있습니다.

(2015) [2국03-02]자신의 생각을 문장으로 표현한다.

앞에서 성취기준을 분석하면서 성취기준을 지식과 기능으로 나누라고 했습니다. 여기서도 성취기준의 지식과 기능을 찾아볼까요? 먼저 학생들이 알아야 할 지식은 무엇일까요? "므...운장?" 어떤가요? 뚜렷하게 떠오르는 것이 있나요? 학생이 알아야 할 지식이 문장이라고 가정해도 확실하게 문장의 무엇을 알아야 하는지 확신이 들지 않을 겁니다. 이처럼 성취기준만 봐서는 무엇을 의미하는지 잘 모르는 경우가 있습니다. 이렇게 애매할 때 실질적인 기준 역할을 하는 것이 바로 평가기준입니다. 위의 성취기준에 해당하는 평가기준을 볼까요?

[2국03–02] 자신의 생각을 문 장으로 표현한다.	상	문장부호나 꾸며주는 말을 사용해 자신의 생각을 정확하고 구체적인 문장으로 표현할 수 있다.
	중	문장부호나 꾸며주는 말을 사용해 자신의 생각을 문장으로 표현할 수 있다.
	하	문장부호를 사용해 자신의 생각을 문장으로 표현할 수 있다.

이제 좀 명확하죠? 평가기준을 보면 '문장부호'와 '꾸며주는 말'을 학생들이 알아야 한다는 것을 알 수 있습니다. 이처럼 평가기준은 학생들이 무엇을 알고, 해야 할지를 알려주는 '실질적인 기준 역할'을 합니다. 따라서 성취기준이 모호하거나 구체적이지 않을 때 평가기준을 보면 보다 실질적인 기준을 알 수 있습니다. 수업과 평가를 설계할 때 성취기준이 모호하다면, 평가기준을 살펴보세요. 성취기준이 더 명확하고 분명해질 겁니다.

키워드 2: 성취기준에 도달한 정도

평가기준을 보면 성취기준의 도달 정도를 알 수 있습니다.

(2015) [2슬02-03] 봄이 되어 볼 수 있는 다양한 동식물을 찾아본다.

이 성취기준에 따라 수업하면, 학생들은 봄에 볼 수 있는 다양한 동식물을 찾아야 합니다. 그런데 얼마나 찾아야 '상' 수준이라고 할 수 있을까요? 어떤 학생이 봄에 볼 수 있는 동물 2가지와 식물 2가지를 찾으면 '상' 수준에 도달했다고 할 수 있을까요? 역시 애매합니다. 앞에서 말한 것처럼 성취기준은 포괄적으로 표현되어 성취기준만으로는 어느 수준까지 도달해야 하는지 알 수 없는 경우가 많습니다.

이럴 때 도움을 주는 것이 바로 평가기준입니다. 이 성취기준에 해당하는 평가기준을 한 번 살펴볼까요?

상	봄에 볼 수 있는 다양한 동물과 식물을 5가지 이상 찾을 수 있다.
중	봄에 볼 수 있는 다양한 동물과 식물을 3~4가지 찾을 수 있다.
하	봄에 볼 수 있는 다양한 동물과 식물을 1~2가지 찾을 수 있다.

어떤가요? 평가기준을 보니 성취기준 도달 정도를 쉽게 알 수 있죠? 만약 이 평가기준으로 수업과 평가를 설계한다면 학생들에게 동물과 식물을 5개 이상 찾을 수 있도록 수업을 구성할 겁니다. 평가기준은 성취기준의 도달 정도를 알려주는 기준이기 때문에, 성취기준과 달리 도달 정도를 나타내는 '상, 중, 하'가 있습니다. 성취기준과 가장 크게 다른 특징이지요.

사실 수업과 평가를 설계할 때 성취기준에 관한 이야기는 많아도 평가기준은 그렇지 않죠. 평가기준은 평가할 때만 사용한다고 생각하는 사람도 있을 정도지만, 보는 방향에 따라선 성취기준보다 평가기준이 수업 설계 시 더 많이 사용된다고 할 수 있습니다.

(2015) [2슬03-01] 우리 가족의 특징을 조사해 소개한다.

위 성취기준으로 수업과 평가를 설계한다면 교사는 막막할 겁니다. 우리 가족의 특징을 조사하는 수업에서 어떤 학생이 "우리 엄마는 화를 잘 내요"라고 말할 수도 있으니까요. 성취기준에서 말하는 '가족의 특징'에 대한 실질적인 기준과 도달 수준을 알 수 없는 상황입니다. 이럴 때 평가기준을 보면 수업과 평가를 어떻게 설계해야 하는지 구체적이고 명확한 정보를 얻을 수 있습니다. 위의 성취기준에 해당하는 평가기준을 살펴볼까요?

상	가족 구성원, 가훈, 가족의 규칙 등 가족의 특징을 조사하고, 이를 그림이나 글로 상세하게 소개할 수 있다.
중	가족 구성원, 가족의 규칙 등 가족의 특징을 조사해 그림이나 글로 나타내고 소개할 수 있다.
하	가족 구성원의 특징을 그림으로 간단히 나타낼 수 있다.

어떤가요? 학생들이 무엇을 알아야 하고, 어떻게 해야 하는지 구체적으로 알 수 있습니다. 글을 쓸 수 없는 학생이라면 그림으로 소개해도 된다는 것까지 나와 있으니, 교사는 글과 그림을 모두 사용해 수업을 설계할 수 있을 겁니다.

이처럼 평가기준은 성취기준에서 학생의 도달 정도를 판단할 때, 수업과 평가를 설계할 때, 평가 문항 제작이나 채점기준표를 작성할 때도 활용하는 아주 유용한 도구입니다. 성취기준이 점점 더 포괄적으로 표현되고 있는 분위기라 평가기준의 중요성 역시 더 커지고 있습니다.

위에서 제시한 2015 개정 교육과정 성취기준과 비슷한 성취기준을 2022 개정 교육과정에서 찾아보았더니 다음과 같은 것이 있었습니다. 2015 개정 교육과정보다 훨씬 더 포괄적이라서 2022 개정 교육과정을 실시하려면 보다 실질적인 정보가 필요합니다.

(2022) [2슬01-03] 가족이나 주변 사람에게 관심을 갖고 함께 살아가는 모습을 탐구한다.

평가기준은 수업과 평가를 설계할 때 실질적인 정보를 얻을 수 있는 중요한 도구지만, 학교 현장에서는 평가기준에 관한 이해가 매우 부족한 것이 사실입니다. 평가기준은 성취기준 못지않게, 아니 어쩌면 성취기준보다 훨씬 더 유용한 도구라는 것을 알았을 겁니다. 이제 평가기준의 유용성을 경험했으니, 앞으로는 성취기준 못지않게 평가기준도 많이 활용하길 바랍니다. 수업과 평가 설계가 훨씬 쉬워질 테니까요. 저 역시 수업과 평가를 설계할 때 성취기준보다 평가기준을 더 많이 활용하고 있습니다. 지금부터 수업과 평가를 설계할 때 이렇게 외쳐보세요.

"도와줘요, 평가기준!"

3부

과정중심평가와
교수평기 일체화의 핵심,
채점기준표

A+

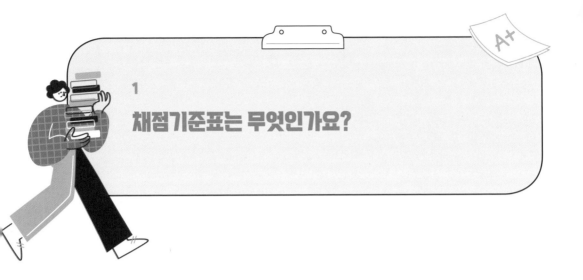

1

채점기준표는 무엇인가요?

성취기준 ⇒ (평가준거 성취기준) ⇒ 평가기준 ⇒ 채점 기준표

　채점기준표는 교육과정 3인방 중 마지막에 해당합니다. 성취기준에서 출발해 평가기준을 거쳐 채점기준표로 완성되는 최종 종착점이라고 할 수 있죠. 교수평가 일체화나 과정중심평가에서 아주 중요한 역할을 하는 핵심 중의 핵심이니 채점기준표가 무엇인지부터 알아보겠습니다. 『수행평가와 채점기준표 개발』(김선 외)을 보면 채점기준표를 이렇게 정의합니다.

　"학생들이 과제 수행을 통해 보여주기를 기대하는 평가기준에 대해 수행의 질을 수준(예:상/중/하)에 따라 구체적인 언어로 기술한 것"

'채점기준표'라는 이름 그대로입니다. 성취기준에서 제시한 수행과제를 실제로 수행했을 때, 그 수행의 질을 채점하기 위한 '기준'을 말합니다. 수행의 질을 채점해야 하니 상/중/하 같은 수행 수준이 있습니다. 또 기준(준거)참조평가에도 해당하기 때문에 학생의 수행 수준을 구체적인 문장으로 기술합니다.

〈채점기준표 예시〉

수준 평가요소	상	중	하
문장부호 사용법	자신의 생각이나 느낌에 맞는 문장부호 3개를 모두 사용해 문장을 썼다. (문장부호 3개를 한 번씩은 반드시 사용해야 함.)	자신의 생각이나 느낌에 맞는 문장부호 2개를 사용해 문장을 썼다.	자신의 생각이나 느낌에 맞는 문장부호를 1개 이하로 사용해 썼다.
	해당 사항에 ✔ 표시 ☐ ① 마침표(.)　　☐ ② 물음표(?)　　☐ ③ 느낌표(!)		
꾸며주는 말	자신의 생각에 맞는 적절한 꾸며주는 말을 1회 이상 사용했다.		꾸며주는 말을 사용하지 않았거나, 적절하지 않은 꾸며주는 말을 사용했다.
	해당 사항에 ✔ 표시 ☐ ① 꾸며주는 말　　☐ ② 적절성		
문장 정확성 표현의 구체성	자신의 생각이나 느낌을 완결된 내용으로 표현해 문장이 정확하고, 자신의 생각이나 느낌이 구체적으로 드러나 있다.	문장의 정확성과 구체성 중에 하나만 표현했다.	자신의 생각을 표현한 문장이 정확하지 않고, 구체적이지 않다.
	해당 사항에 ✔ 표시 ☐ ① (정확성) 자신의 생각이나 느낌을 완결된 내용으로 표현 ☐ ② (구체성) 자신의 생각이나 느낌을 구체적으로 표현		

성취기준, 평가기준, 채점기준표의 관계

채점기준표는 성취기준과 평가기준을 분석해서 나온 결과물이라고 할 수 있습니다. 그래서 채점기준표를 이해하려면 성취기준, 평가기준, 채점기준표의 관계를 이해할 필요가 있습니다. 이들 세 기준 간의 관계를 이해하면 더 쉽게 채점기준표를 개발할 수 있을 테니까요. 이해를 돕기 위해 세 기준을 여행에 비유해 보았습니다.

성취기준 = 여행의 목적이나 목표

먼저 여행의 목적을 정해야겠죠? 휴식하러 갈 수도 있고, 좋은 경치를 구경하러 갈 수도 있고, 유명한 관광지나 문화재를 관람하거나 골프나 레저를 체험하는 여행일 수도 있을 거예요. 각자 자신에게 맞는 여행의 목적을 정할 것입니다. 여행자가 여행의 목표를 세우듯이, 교육과정 성취기준은 교과에서 학생들이 이루어야할 세부 목표를 기술한 것이라고 할 수 있습니다.

골프를 하기 위해서 해외여행을 간다.

평가기준 = 여행의 수준 결정

여행의 목표가 정해지면 이제는 실질적인 여행 구상을 할 차례입니다. 여행 목적에 맞는 여행지를 구상하고, 여행의 수준도 정하지요. 예를 들어 목적이 골프 여행이라면 '상' 수준은 9박 10일의 하와이 골프여행, '중' 수준은 7박 8일 일본 골프여행, '하' 수준은 5박 6일 국내 골프여행처럼 정할 수 있을 거예요. 이렇게 여행의 목적을 이루기 위해 실질적인 여행 일정과 수준을 정하는 역할을 하는 것이 '평가기준'입니다. 평가기준은 성취기준과 달리 수행의 질을 상/중/하로 나눕니다.

상	9박 10일 하와이 골프여행
중	7박 8일 일본 골프여행
하	5박 6일 국내 골프여행

채점기준표 = 여행일정표

여행 목적에 따른 여행지를 수준별로 구분했다면, 이제는 각 여행지에 맞는 구체적인 일정표를 짜야 합니다. 공항 출발부터 여행을 마칠 때까지 구체적인 일정을 수준별로 작성하겠죠? 이렇게 각 수준에 맞는 구체적인 일정표가 바로 채점기준표가 됩니다.

<여행타임라인 1일차>

택시로 인천 공항 이동 / 비행기로 후쿠오카 공항이동 / 지하철로 숙소 이동 / 체크인& 짐풀기

숙소로 이동 / 디저트 먹기 / 구시사신사 관광 / 점심식사

상	9박 10일 하와이 골프여행 구체적인 일정표
	(공항 출발 → 하와이 공항 도착 → 호텔 도착 → 현지 골프장 이동 등)
중	7박 8일 일본 골프여행 구체적인 일정표
하	5박 6일 국내 골프여행 구체적인 일정표

이렇게 개발한 여행일정표는 다음과 같이 사용될 것입니다.

– 여행을 시작할 때

여행이 시작되면 가이드는 여행객에게 여행일정표를 제공합니다. 여행객은 가이드가 준 여행일정표를 보고 자세한 일정을 확인합니다. 앞으로 여행을 어떻게 할지 미리 준비하고 점검할 수 있는 여행안내서이자 지도가 됩니다.

– 여행 중에

여행객은 늘 여행일정표를 확인하면서, 이 여행이 예정대로 진행되고 있는지 점검할 거예요. 가이드 역시 수시로 여행일정표를 보면서 일정대로 진행하려고 노력할 테고요. 만약 여행이 뭔가 이상하게 진행된다면, 그때도 여행일정표를 보면서 뭐가 잘못되었는지 점검하고 피드백을 받을 수 있습니다.

– 여행을 다녀온 후

다녀와서 여행을 평가할 때도 여행일정표를 봅니다. 여행이 일정표대로 진행되었는지, 안 되었다면 무엇이 안 되었는지 확인하고 평가하겠죠. 짐작하는 것처럼 여행일정표에 해당하는 것이 바로 채점기준표입니다. 채점기준표는 수업의 시작부터 끝까지, 즉 학습의 목표와 과정, 평가까지 쭉 함께합니다.

실제 수업 상황에서의 관계

자, 이제 여행이 아닌 실제 수업 상황을 통해 성취기준, 평가기준, 채점기준표의 관계를 알아보겠습니다.

성취기준

교사는 성취기준을 분석해 포괄적인 목표를 확인합니다.

(2015) [2국03-02] 자신의 생각을 문장으로 표현한다.

평가기준

평가기준을 보면서 보다 실질적이고 구체적인 정보를 얻습니다. 성취기준이 모호하면 외쳐보세요. "도와줘요, 평가기준!"

[2국03-02] 자신의 생각을 문장으로 표현한다.	상	문장부호나 꾸며주는 말을 사용해 자신의 생각을 정확하고 구체적인 문장으로 표현할 수 있다.
	중	문장부호나 꾸며주는 말을 사용해 자신의 생각을 문장으로 표현할 수 있다.
	하	문장부호를 사용해 자신의 생각을 문장으로 표현할 수 있다.

채점기준표

교사는 성취기준과 평가기준을 분석해, 학생의 수행과제를 채점하기 위한 채점기준표를 개발합니다.

수준 평가요소	상	중	하
문장부호 사용법	자신의 생각이나 느낌에 맞는 문장부호 3개를 모두 사용해 문장을 썼다. (문장부호 3개를 한 번씩은 반 드시 사용해야 함.)	자신의 생각이나 느낌에 맞는 문장부호 2개를 사용 해 문장을 썼다.	자신의 생각이나 느낌에 맞는 문장부호를 1개 이하 로 사용해 썼다.
	해당 사항에 ✔ 표시 □ ① 마침표(.)　　　□ ② 물음표(?)　　　□ ③ 느낌표(!)		
꾸며주는 말	자신의 생각에 맞는 적절 한 꾸며주는 말을 1회 이상 사용했다.		꾸며주는 말을 사용하지 않았거나, 적절하지 않은 꾸며주는 말을 사용했다.

평가요소 \ 수준	상	중	하
꾸며주는 말	해당 사항에 ✔ 표시 ☐ ① 꾸며주는 말　　☐ ② 적절성		
문장 정확성 표현의 구체성	자신의 생각이나 느낌을 완결된 내용으로 표현해 문장이 정확하고, 자신의 생각이나 느낌이 구체적으로 드러나 있다.	문장의 정확성과 구체성 중에 하나만 표현했다.	자신의 생각을 표현한 문장이 정확하지 않고, 구체적이지 않다.
	해당 사항에 ✔ 표시 ☐ ① (정확성) 자신의 생각이나 느낌을 완결된 내용으로 표현 ☐ ② (구체성) 자신의 생각이나 느낌을 구체적으로 표현		

수업 실제 사례

수업 시작 전(교사, 채점기준표 개발)

수업을 여행에 비유하면 교사는 여행가이드입니다. 여행가이드가 여행 목적과 수준에 맞추어 여행일정표를 개발하듯, 교사는 성취기준과 평가기준을 분석해 교과 기대 수준에 맞추어 채점기준표를 개발합니다. 여행일정표를 여행 전에 개발해야 하는 것처럼, 채점기준표도 수업을 시작하기 전에 개발해야 합니다. 그래야 수업을 시작할 때 학생들에게 배부할 수 있으니까요.

수업 시작(채점기준표 제시, 수행과제 확인, 배움 확인)

학생은 교사가 제시한 채점기준표를 보면서 구체적으로 무엇을 알아야 하고, 무엇을 해야 하고, 목적지에 도달해서 좋은 평가를 받으려면 어떻게 해야 하는지 등 구체적인 정보를 얻을 수 있습니다. 채점기준표는 학생이 처음 만나는 '기준'인

것이죠. 수업을 시작할 때 만나는 채점기준표는 사실 채점을 위한 것이라기보다는 학습을 계획하고 확인하는 역할을 합니다. 수업을 위해 무엇을 해야 하는지, 도달점에서는 어느 정도 수준을 달성해야 하는지를 확인할 수 있게 해줍니다. 그런 의미에서 보면 수업을 시작할 때 제시하는 채점기준표는 배움을 확인하는 '배움확인표'라는 이름이 더 적당해 보입니다.

실제 수업이 시작되면 학생들에게 위 채점기준표를 제시하면서 다음과 같이 이야기합니다.

"여러분, 나눠준 채점기준표를 보세요. 채점기준표는 우리가 무엇을 알아야 하고, 무엇을 해야 하는지 확인할 수 있는 기준표예요. 함께 읽어보면서 확인해 볼까요?"

학생들이 채점기준표를 다 읽었을 때쯤 교사는 다음과 같이 질문할 수 있습니다.

"여러분, 우리가 무엇을 알아야 할까요?"

문장부호 중 마침표, 물음표, 느낌표를 알아야 한다고 대답하겠죠. 이런 식으로 수업을 시작할 때 채점기준표를 제시하면 학생은 무엇을 배우고, 무엇을 해야 하는지 확인할 수 있습니다. 아주 구체적인 목표를 제시하는 역할을 하는 것이죠.

수업 중(채점기준표를 통해 수행과정이나 결과를 점검하고 피드백)

수업 중 교사와 학생은 채점기준표를 보며 수행과정을 확인하고 점검하고 피드백할 수 있습니다. 여행 중에 가이드와 여행객이 여행일정표를 확인하면서 여행을 점검하는 것과 같습니다. 다음에는 이런 수업 상황이 진행될 겁니다.

"여러분, 자신의 생각을 문장으로 써보세요. 그리고 자신의 생각에 맞는 문장 부호를 사용해 주세요."

학생들은 자신의 생각을 글로 쓴 후 검사해 달라고 줄을 서겠지요. 많은 학생을 일일이 피드백하기란 쉬운 일이 아닙니다. 마땅한 조언을 하기도 힘들고요. 그럴 때 이렇게 말하면 줄 서는 학생이 확 줄어들 거예요.

"여러분, 선생님에게 검사받으러 나오기 전에 채점기준표를 한 번 봐주세요. 여러분이 쓴 글과 채점기준표를 비교해 보세요. 그리고 자기평가를 해보세요."

학생들이 검사받으러 오면 교사는 다음과 같이 피드백을 주면 됩니다.

"물음표는 어디에 있니?"

"느낌표 사용이 적절하다고 생각하니?"

"그래, 이렇게 느낌표를 사용하니 문장이 훨씬 더 실감 나게 느껴진다."

채점기준표는 이처럼 피드백에도 아주 유용한 도구입니다.

수업 후(채점기준표를 통해 수행 결과 확인 및 채점)

수업이 끝나면 교사와 학생은 채점기준표로 학생이 수행한 과제에 대해 수행 정도를 평가합니다. 교사는 학생의 수행 정도를 채점해 학생에게 알려줍니다. 학생은 채점기준표를 통해 자신의 수행 정도를 구체적으로 확인할 수 있습니다. 이것도 역시 수업 상황으로 재연해 보겠습니다. 어떤 학생이 다음과 같은 평가를 받았다고 가정해 보겠습니다.

평가요소 \ 수준	상	중	하
문장부호 사용법	자신의 생각이나 느낌에 맞는 문장부호 3개를 모두 사용해 문장을 썼다. (문장부호 3개를 한 번씩은 반드시 사용해야 함.)	자신의 생각이나 느낌에 맞는 문장부호 2개를 사용해 문장을 썼다.	자신의 생각이나 느낌에 맞는 문장부호를 1개 이하로 사용해 썼다.

해당 사항에 ✔ 표시

☑ ① 마침표(.)　　☑ ② 물음표(?)　　☐ ③ 느낌표(!)

이 학생은 마침표와 물음표를 사용했지만, 느낌표는 사용하지 않았어요. 그러면 교사는 다음과 같이 말해줍니다.

"선생님은 네 시험지에서 느낌표를 발견하지 못했어. 앞으로 어떻게 해야 하겠니?"

그러면 아마도 학생은 이렇게 말하겠지요.

"느낌표를 더 공부해야 할 것 같아요."

이처럼 채점기준표를 활용하면 피드백과 자기 주도적 학습이 가능해집니다. 채점기준표는 학생 성적 통지에도 유용합니다. 채점기준표를 활용해 가정에 통지하면 학생이 무엇을 알고, 무엇을 모르는지 구체적인 정보를 제공할 수 있습니다. 그동안 쭉 사용하던 가정통지를 떠올려 보세요. 가정통지는 학생이 무엇을 알고 모르는지에 관한 구체적인 내용을 확인할 수 없다는 문제가 있었습니다. 채점기준표는 이 문제점을 어느 정도 해소해 줍니다.

앞에서 채점기준표를 여행에 비유했습니다. 만약 여행을 떠나는데 가이드가 여행일정표를 주지 않는다면 어떨까요? 아마도 여행객은 여행에 관한 대강의 목표만 알고, 두루뭉술한 상태에서 여행을 시작할 겁니다. 여행 가서 뭘 할지 모른 채 우연에 맡기게 될 수도 있지요. 따라서 여행가이드라면 반드시 여행일정표를 여행 전에 미리 작성해야 합니다.

수업과 평가에서도 마찬가지입니다. 기준(준거)참조교육과 평가에서 채점기준표 없이 수업과 평가를 한다는 건 여행일정표 없이 무작정 여행을 떠나는 것과 마찬가지입니다. 여행일정표가 있어야 세밀하고 정교한 여행이 될 수 있는 것처럼, 채점기준표가 있어야 정교하고 세밀한 수업과 평가를 할 수 있습니다. 따라서 기준(준거)참조평가에서는 채점기준표를 수업 전에 반드시 미리 개발해야 합니다.

채점기준표를 미리 개발하면 또 다른 장점도 있습니다. 여행일정표를 미리 구체적으로 작성하면 여행을 더 알차게 할 가능성이 커지는 것처럼, 채점기준표도 수업 전에 미리 개발하면 수업이 더욱 정교해집니다. 채점기준표가 수업 개선에도 도움을 주는 거죠. 저 역시 채점기준표를 개발하면서 수업과 평가가 훨씬 더 정교해졌다는 것을 느낄 수 있었습니다.

요즘 과정중심평가를 하면서 많은 선생님이 평가에 어려움을 겪고 있습니다. 특히 과정중심평가나 교수평기 일체화가 잘 이루어지지 않고 있는데요. 그 원인 중 상당수가 바로 채점기준표를 미리 개발하지 않고 수업과 평가를 하기 때문입니다.

과정중심평가에서는 피드백, 자기평가 등이 중요한데, 이를 할 수 있는 기준이 바로 '채점기준표'라서 그렇습니다. 과정중심평가나 교수평기 일체화를 원한다면 채점기준표를 수업 전에 개발하고, 수업을 시작할 때 학생들에게 제시하고 공유해야 한다는 점을 꼭 기억하길 바랍니다.

2

(채점기준표 사용설명서 1)
성취기준 vs 평가기준
vs 채점기준표 제대로 알기

지금까지 성취기준부터 평가기준, 채점기준표까지 숨 가쁘게 알아보았는데요. 마지막으로 교육과정 3인방인 성취기준, 평가기준, 채점기준표를 종합적으로 정리해 보도록 하겠습니다.

성취기준

성취기준은 학생이 성취해야 할 목표를 설정한 것이라 국가에서 개발해 제시합니다. 국가교육과정정보센터(NCIC)에서 다운로드할 수 있습니다. 성취기준은 목표를 기술한 것이라서 '할 수 있다', '표현한다'처럼 현재형이나 미래형 문장을 주로 사용합니다. 성취기준은 수업과 평가의 목표를 확인하고, 설계를 위한 것으로 교사를 위해 개발되었습니다. 따라서 성취기준의 사용자는 '교사'입니다. 성취기준은 교사가 만나는 첫 번째 '기준'인 셈입니다. 성취기준은 여행사가 여행 목적에 따라 휴식, 관광, 체험 등의 카테고리를 만드는 것과 같습니다.

평가기준

평가기준은 성취기준을 더욱 실질적으로 표현한 기준입니다. 평가기준 역시 국가에서 개발하고, 국가교육과정정보센터(NCIC)에서 다운로드할 수 있습니다. 평가기준은 성취기준에 관한 참고 자료 성격이 강하기 때문에 교사가 필요에 따라 수정할 수 있습니다. 마치 여행가이드가 여행 목표를 변경할 순 없어도, 실질적인 일정은 수정할 수 있는 것과 같은 원리입니다. 9박 10일 하와이 골프여행을 9박 10일 유럽 골프여행으로 수정할 수 있는 것처럼요. 평가기준을 바꿨다고 성취기준이 달라지는 것은 아닙니다.

평가기준도 목표를 기술하기 때문에 성취기준처럼 현재형이나 미래형 문장으로 기술합니다. 평가기준이 성취기준과 두드러지게 다른 점은 수행 수준에 따라 상/중/하로 나눈다는 것입니다. 수행 수준을 나누는 이유는 성취기준에 따른 실질적인 수준을 제시해야 하기 때문입니다. 평가기준 역시 교사를 위한 기준이며, 성취기준에 이어 교사가 만나는 두 번째 '기준'입니다.

채점기준표

채점기준표는 앞의 성취기준이나 평가기준과는 매우 다릅니다. 국가가 아니라 교사가 직접 개발한다는 점부터 다르죠. 문장도 성취기준이나 평가기준과 달리 과거형으로 기술합니다. 문장을 과거형으로 기술해야 하는 이유는 채점기준표가 학생의 수행 결과를 기술하기 때문입니다. 학생이 쓴 시를 채점하려면 '시를 썼다'처럼 과거형으로 기술해야 하니까요. 따라서 채점기준표에는 '표현했다', '오류가 있다', '찾았다' 등의 과거형 문장이 많습니다.

　성취기준과 평가기준이 교사를 위한 기준이라면, 채점기준표는 교사와 학생을 위한 기준이라고 할 수 있습니다. 특히 채점기준표는 성취기준이나 평가기준과 달리 학생이 직접 만나는 '기준'이기도 합니다, 결국 성취기준에서 출발한 교육과정이 평가기준을 거쳐서 채점기준표로 완성된다고 할 수 있습니다.

　일반적으로 성취기준과 평가기준은 수업과 평가 설계를 위해 목표를 제시하는 경향이 강하고, 채점기준표는 학생의 수행 정도를 확인하고 직접 채점을 하는 경향이 강하다고 할 수 있습니다. 굳이 편을 나눈다면 성취기준과 평가기준이 같은 편이고, 채점기준표는 다른 편이죠. 성취기준, 평가기준은 국가에서 제시한 목표로 교사가 분석해야 할 영역이지만, 채점기준표는 학생이 수행해야 할 것을 교사가 직접 개발해야 하는 개발의 영역입니다.

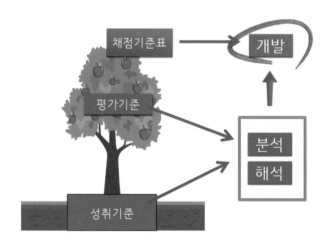

채점기준표는 성취기준이나 평가기준과 달리 국가에서 제공하지 않으며 교사가 개발해야 합니다. 채점기준표를 국가에서 제공하면 좋을 텐데 그렇게 하지 못하는 이유가 있습니다. 같은 성취기준으로 수업해도 교사마다 학생에게 기대하는 수준이 다르기 때문입니다. 이것은 마치 유기농으로 농사를 짓는 농가와 일반적인 농법으로 농사를 짓는 농가에 똑같은 기준을 들이대면서 과일의 질을 평가하는 것과 같습니다.

예를 들어 A 농가는 일반적인 농법으로 귤 농사를 짓습니다. 비료도 주고, 농약도 치면서 말이지요. 반면에 B 농가는 유기농으로 농사를 짓습니다. 비료도 안 주고, 농약도 안 치면서요. 그러나 두 농가의 성취기준은 똑같습니다. 모두 귤 농사를 지어서 귤을 수확하겠다는 목표를 가지고 있지요. 평가기준도 똑같습니다. 두 농가 모두 크고, 맛있고, 빛깔이 좋은 귤을 원할 테니까요.

그렇지만 채점기준표는 다릅니다. 일반적인 농법으로 농사를 지은 농가의 '상' 수준에 해당하는 귤 크기와 유기농 농가의 '상' 수준에 해당하는 귤 크기는 다를 겁니다. 아마 일반농가에서 '하'에 해당하는 크기가 유기농 농가에서는 '상'에 해당하겠죠. 일반적인 농법과 유기농 농법으로 농사짓는 농가에서 판단하는 큰 귤의 크기가 다르듯, 같은 성취기준과 평가기준으로 수업을 계획했더라도 교사의 기대 수준이 다르니 각 수업에 맞는 채점기준표를 개발해야 하는 것입니다.

만약 국가에서 일방적으로 채점기준표를 만들어 제시하면 어떤 결과가 나올까요? 국가가 일방적으로 일반적인 농법으로 농사짓는 것에 맞추어 채점기준표를 제시한다면, 아마도 유기농 농법으로 농사지을 생각조차 하지 못할 것입니다. 교사의 수업권과 평가권을 빼앗는 거나 다름없지요. 그래서 교사의 평가권을 확립하기 위해서라도 채점기준표는 교사가 개발해야 합니다. 이 내용을 정리하면 다음과 같습니다.

	성취기준	평가기준	채점기준
성격	목표	목표	수행의 결과
어디에 있을까?	국가교육과정정보센터	국가교육과정정보센터	교사가 개발
개발자	국가	국가, 교사	교사
수정 여부	불가능	부분적으로 가능	가능
사용자	교사	교사	교사와 학생
수행 수준의 존재 여부	없음	상/중/하 등으로 나타냄	상/중/하 등으로 나타냄
문장의 서술어	미래형 또는 현재형	미래형 또는 현재형	과거형
표현	포괄적	실질적	구체적
역할	수업, 평가 설계	수업, 평가 설계 수행 수준의 이해	수업, 평가 확인 수행의 수준 이해 채점 피드백

3

(채점기준표 사용설명서 2)
채점기준표는 어떤 역할을 하나요?

앞에서는 채점기준표의 정의와 역할에 대해 맛보기로 알아보았는데요. 감은 잡았을 테니 이번에는 조금 더 자세히 다뤄보겠습니다. 채점기준표의 역할은 '수행 수준의 이해', '수행결과와 과정에 따른 피드백', '수행의 질을 평가'하는 것으로 소개했던 걸 한 번 더 읽고 시작합시다.

"학생들이 과제 수행을 통해 보여주기를 기대하는 평가기준에 대해 수행의 질을 수준(예:상/중/하)에 따라 구체적인 언어로 기술한 것"

– 『수행평가와 채점기준표 개발』, 김선 외

첫째, 수행 수준의 이해입니다

채점기준표를 보면 수행과제를 어느 정도 수준까지 해야 하는지 아주 구체적으로 알 수 있습니다. 다음 성취기준을 보세요.

(2015) [4국03-03] 관심 있는 주제에 대해 자신의 의견이 드러나게 글을 쓴다.

(2022) [4국03-03] 대상에 관한 자신의 의견과 그렇게 생각한 이유가 드러나게 글을 쓴다.

위 성취기준에 따른 수행평가 과제로 제안하는 글쓰기를 선택했습니다.

수행평가 과제: 제안하는 글쓰기

성취기준에서 수행평가 과제를 확인한 후엔 평가기준을 통해 더 실질적인 정보를 얻을 수 있습니다. 위 성취기준에 따른 평가기준은 다음과 같습니다.

성취기준		평가기준
(2015) (4국03-03) 관심 있는 주제에 대해 자신의 의견이 드러나게 글을 쓴다.	상	관심 있는 대상이나 사실에 대해 주장을 명확하게 제시하고, 타당한 근거가 다양하게 드러나도록 글을 쓸 수 있다.
	중	관심 있는 대상이나 사실에 대해 주장을 제시하고, 타당한 근거가 드러나도록 글을 쓸 수 있다.
	하	관심 있는 대상이나 사실에 대해 주장을 제시하고, 부분적으로 타당한 근거가 드러나도록 글을 쓸 수 있다.

위 평가기준을 참고해 다음과 같은 채점기준표를 개발했습니다.

〈분석적 채점기준표 예시〉

수준 평가요소	매우 잘함(상)	잘함(중)	향상 필요(하)
제안하는 글 형식	제안하는 글의 형식에 모두 맞추어 제안하는 글을 썼다.	제안하는 글의 형식을 2~3개 사용해 썼다.	제안하는 글의 형식을 1개 이하를 사용해 썼다.
	해당 사항에 ✔ 표시 □ ① 제목　　　　　□ ② 문제 상황 □ ③ 제안하는 내용　□ ④ 제안하는 까닭		
제안하는 글 내용 – 타당성 – 구체성	제안하는 글에 5가지 내용이 모두 명확하게 드러나 있다.	3~4가지 내용이 드러나게 글을 썼다.	1~2가지 내용이 드러나게 글을 썼다.
	해당 사항에 ✔ 표시 □ ① 제목에 제안하는 내용이 드러나 있음 □ ② 문제 상황이 명확하게 드러나 있음 □ ③ 제안하는 내용이 구체적이고 명확함 □ ④ 제안하는 까닭이 구체적이고 명확함 □ ⑤ 제안하는 대상을 고려해 글을 씀		
채점	상: 상 2 중: 상, 하를 제외한 모든 것 하: 하 2, 중 1+하 1		

위 채점기준표를 본 학생은 구체적으로 무엇을 배우고, 어느 정도 수준까지 수행해야 하는지 쉽게 이해할 수 있습니다. 제안하는 글의 형식은 무엇이고, 어느 수준까지 써야 하는지 수행 수준을 아주 구체적으로 확인할 수 있죠. 이처럼 채점기준표는 학생들이 수행의 수준과 내용을 구체적으로 이해할 수 있도록 도와줍니다. 이런 역할 덕분에 채점기준표는 학생의 출발점을 점검하는 기능을 할 수도 있습니다.

둘째, 채점기준표가 있으면 수행과정과 결과에 따른 피드백을 할 수 있습니다

과정중심평가에서 피드백은 굉장히 중요합니다. 피드백할 때는 학생이 무엇을 알고, 무엇을 해야 하는지를 알아야 하는데, 채점기준표가 그 증거가 됩니다. 채점 기준표를 통해 구체적인 피드백 정보를 얻을 수 있으니까요. 채점기준표를 이용해 피드백하는 예를 들어보겠습니다. 위 채점기준표로 다음과 같이 평가했다고 가정해 보겠습니다.

〈채점기준표로 채점한 예시〉

수준 평가요소	매우 잘함(상)	잘함(중)	향상 필요(하)
제안하는 글 형식	제안하는 글의 형식에 모두 맞추어 제안하는 글을 썼다.	제안하는 글의 형식을 2~3개 ~~다.~~	제안하는 글의 형식을 1개 이하를 사용해 썼다.
	해당 사항에 ✔ 표시 ☑ ① 제목　　　☑ ② 문제 상황 ☐ ③ 제안하는 내용　☐ ④ 제안하는 까닭		
제안하는 글 내용 – 타당성 – 구체성	제안하는 글에 5가지 내용이 모두 명확하게 드러나 있다.	3~4가지 내용이 드러나게 글을 썼	1~2가지 내용이 드러나게 글을 썼다.
	해당 사항에 ✔ 표시 ☑ ① 제목에 제안하는 내용이 드러나 있음 ☑ ② 문제 상황이 명확하게 드러나 있음 ☐ ③ 제안하는 내용이 구체적이고 명확함 ☐ ④ 제안하는 까닭이 구체적이고 명확함 ☑ ⑤ 제안하는 대상을 고려해 글을 씀		

채점	상: 상 2
	중: 상, 하를 제외한 모든 것
	하: 하 2, 중 1+하 1

위 학생은 제안하는 글의 형식에서 제목, 문제 상황, 제안하는 내용, 제안하는 까닭을 써야 하는데, 제목과 문제 상황만 썼습니다. 채점기준표를 보면 학생이 무엇을 알고, 무엇해야 하는지 알 수 있습니다. 교사는 채점기준표를 근거로 학생에게 무엇이 부족한지를 바로 피드백할 수 있지요.

해당 사항에 ✔ 표시
☑ ① 제목   ☑ ② 문제 상황
☐ ③ 제안하는 내용   ☐ ④ 제안하는 까닭

교사 "○○아, 제안하는 글의 형식에서 무엇 무엇을 썼니?"

학생 "제목과 문제 상황을 썼어요."

교사 "그러면 앞으로 무엇을 더 노력해야겠니?"

학생 "제안하는 내용과 제안하는 까닭에 대해 더 노력해야 할 것 같아요."

피드백은 학습의 도달점과 학생의 현재 학습 상태를 파악해서 그 차이를 채워 주는 역할을 합니다. 이때 학생은 채점기준표를 통해 자신이 도달할 목표와 현재 학습 위치를 확인할 수 있습니다. 피드백은 현재 자신의 위치와 학습 목표를 아는 것이 중요한데, 이 두 가시 억할을 하는 것이 바로 채점기준표입니다.

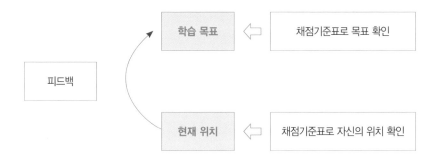

또 채점기준표는 자기평가를 통해 자기 주도적 학습을 할 수 있게 도와줍니다. 학생은 채점기준표를 통해 자신에게 무엇이 부족한지를 알 수 있습니다. 위 채점기준표를 보면 학생은 '③ 제안하는 내용이 구체적이고 명확함'에서 체크 표시를 받지 못했습니다. 학생은 자기가 쓴 글에 구체성이 떨어진다는 것을 알고, 제안하는 내용을 구체적으로 쓰려고 노력할 것입니다. 과정중심평가의 핵심이 피드백과 자기 주도적인 학습에 있다면, 채점기준표 유무가 그 핵심에 있다고 해도 과언이 아닙니다. 채점기준표를 이용하면 학생의 학습 정도를 여러모로 파악해 피드백할 수 있으니 학생의 성장을 위한 평가가 됩니다. 과정중심평가의 핵심이 학생의 성장을 돕는 것이고, 그 핵심 역할을 채점기준표가 담당하는 셈입니다.

셋째, 채점기준표는 수행평가 과제를 채점합니다

채점기준표의 가장 큰 역할은 수행의 질을 평가하는 것입니다. 사지선다형 객관식 문항에 정답표가 있다면, 수행평가 같은 기준(준거)참조평가에서는 학생의 수행 정도를 채점하기 위한 채점기준표가 꼭 필요합니다. 채점기준표가 없다면 학생의 수행 결과를 평가할 수 없으니까요. 실제로 학교 현장에서 수행평가에 어려움을 겪는 경우가 많은데, 대부분은 명확한 채점기준표가 없거나, 있더라도 구체적이지 않아서 생기는 일입니다.

기준(준거)참조평가에서는 채점의 일관성, 타당성, 공정성이 매우 중요합니다. 그런데 아이러니하게도 기준(준거)참조평가의 가장 취약한 점이 바로 일관성, 타당성, 공정성입니다. 채점기준표는 수행평가 과제에 관한 수준을 구체적으로 기술하기 때문에 기준(준거)참조평가의 취약점인 평가의 일관성, 타당성, 공정성을 높이는 역할을 할 수 있습니다.

실제로 이렇게 채점해서 가정통지를 했을 때 평가 결과에 관한 신뢰를 얻을 수 있었습니다. 사실 지금까지 결과 통지에서 가장 문제가 되었던 점은 평가 결과가 구체적이지 않다는 것이었습니다. 그러나 이 방법은 학부모도 학생도 모두 구체적인 평가 결과를 확인할 수 있고, 또 평가 결과에 이의를 제기하더라도 채점기준표를 통해 바로 확인시킬 수 있다는 장점이 있습니다.

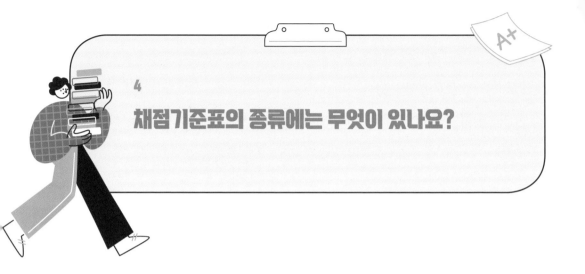

4

채점기준표의 종류에는 무엇이 있나요?

채점기준표는 학생의 수행 정도를 채점하기 위한 것으로, 수행과제에 따라 단순한 것부터 복잡한 것까지 다양합니다. 『수행평가와 채점기준표 개발』(김선 외)에서는 채점기준표 종류를 다음과 같이 제시했습니다. 이 외에도 채점기준표를 일반화해 모두 적용할 수 있는 일반적 채점기준표와 특정한 과업에 한정해 작성하는 과업 특수적 채점기준표로 나누기도 합니다.

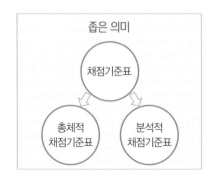

넓은 의미의 채점기준표:
체크리스트 vs 평가기준 점수표 vs 평가기준 등급표

먼저 넓은 의미의 채점기준표를 확인해 보겠습니다. 다음과 같은 성취기준이 있습니다.

(2015) [2국03-04] 인상 깊었던 일이나 겪은 일에 관한 생각이나 느낌을 쓴다.

(2022) [2국03-04] 겪은 일을 표현하는 글을 자유롭게 쓰고, 쓴 글을 함께 읽고 생각이나 느낌을 나눈다.

성취기준에 따른 수행과제는 인상 깊었던 일이나 겪은 일에 관한 생각이나 느낌을 쓰는 것으로 했습니다.

수행평가 과제: 겪은 일에 관한 글쓰기

이를 체크리스트, 평가기준 점수표, 평가기준 등급표로 나타내면 다음과 같습니다.

들어갈 내용	체크리스트	평가기준 점수표		평가기준 등급표		
	확인(✔)	최대 점수	점수	매우 잘함	잘함	향상 필요
제목		1				
언제		1				
어디에서		1				
누구와		2				
무슨 일(일어난 일)		3				
생각이나 느낌		2				

체크리스트

체크리스트는 학생들이 수행한 항목의 수행 여부를 확인할 때 사용합니다. 비교적 단순한 수행과제를 확인할 때 유용합니다. 위의 예를 보면 겪은 일에 대해 글을 쓸 때 반드시 들어가야 할 내용을 넣었는지 확인하는 데 사용하고 있습니다.

학교 수행평가 계획을 보면 평가 방법에 '관찰법'이라는 것이 많이 보입니다. 하지만 교사의 관찰이 없는 평가란 없죠. 그래서 어떤 점을 관찰해야 하는지 확인할 구체적인 체크리스트가 필요한 겁니다. 매일 일기 쓰기를 한다고 할 때 이를 실천했는지 확인하거나, 줄넘기를 몇 회 이상했는지 확인할 때도 활용할 수 있습니다. 특히 체크리스트는 창체 시간 평가에 매우 유용합니다. 창체의 내용은 대부분 간단해서 학생이 해야 할 것을 체크리스트로 확인하는 것만으로도 채점할 수 있습니다.

체크리스트의 단점은 수행 수준을 구체적으로 확인할 수 없고, 복잡한 과제는 평가할 수 없다는 것입니다. 따라서 일반 교과에 광범위하게 적용하기는 어렵습니다.

평가기준 점수표와 평기가준 등급표

평가기준 점수표는 체크리스트에 1, 2, 3점 등으로 점수를 부여합니다. 평가기준 등급표는 체크리스트에 매우 잘함, 잘함, 향상 필요 등으로 등급을 부여합니다. 체크리스트에 비하면 평가기준 점수표와 평가기준 등급표는 둘 다 수행의 질을 평가할 수 있다는 장점이 있지만, 평점에 관한 구체적인 정보를 얻을 수 없다는 단점도 있습니다. 예를 들어 위의 예에서 '생각과 느낌'에 2점을 받았더라도 왜 2점을 받았는지 알 수 없는 거죠. 둘 다 체크리스트에 비하면 조금 발전하긴 했지만, 여전히 구체적인 정보를 얻기에는 부족합니다. 따라서 평가기준 점수표와 평가기준 등급표로는 수행과제에 관한 구체적인 피드백을 줄 수 없다는 한계가 있습니다.

채점기준표

채점기준표는 체크리스트, 평가기준 점수표, 평가기준 등급표의 단점을 보완한 것이라고 할 수 있습니다. 다음에 제시하는 채점기준표는 위에서와 같은 성취기준으로 작성한 분석적 채점기준표입니다.

수준 평가요소	상(매우 잘함)	중(잘함)	하(향상 필요)
겪은 일 쓰기	인상 깊었던 일이나 겪은 일이 잘 드러나도록 여섯 가지 내용이 모두 들어가게 글을 썼다.	인상 깊었던 일이나 겪은 일을 4~5가지 내용이 들어가게 글을 썼다.	인상 깊었던 일이나 겪은 일을 3가지 이하 내용이 들어가게 글을 썼다.
	해당 사항에 ✔ 표시 ☐ ① 제목 ☐ ②언제 ☐ ③ 어디에서 ☐ ④ 누구와 ☐ ⑤ 무슨 일(일어난 일) ☐ ⑥ 생각이나 느낌		
표현하기 (내용)	인상 깊었던 일이나 겪은 일에 대해 자신의 생각이나 느낌을 생생하고, 자세하게 표현했다.	인상 깊었던 일이나 겪은 일에 대해 자신의 생각이나 느낌을 ①과 ② 중 하나만 표현했다.	인상 깊었던 일이나 겪은 일에 대해 자신의 생각이나 느낌을 표현했으나 생생하거나 자세하지 않다.
	해당 사항에 ✔ 표시 ① 생생하게(진짜 옆에서 보고 듣고 느끼는 것처럼 표현하는 것) ② 자세하게(작은 것까지 아주 구체적이고 분명하게 표현하는 것)		
채점	상: 상 2개 중: 상, 하 제외한 모든 것 하: 중 1+하 1, 하 2	채점 결과	☐ 상 ☐ 중 ☐ 하

채점기준표는 이렇듯 종류가 다양합니다. 어떤 채점기준표가 좋다는 것은 없습니다. 채점기준표 모두 나름의 장단점을 가지고 있으니까요. 평가 상황에 맞는 채점기준표가 가장 좋으니 잘 선택하는 안목이 필요합니다. 이 책에서는 학교에서 가장 많이 사용하고, 과정중심평가와 교수평기 일체화에 유용한 좁은 의미의 채점기준표에 대해 자세히 다룹니다.

5

총체적 채점기준표는 무엇이고, 어떻게 사용하나요?

이번에는 좁은 의미의 채점기준표에 대해 알아보겠습니다. 채점기준표는 다시 총체적 채점기준표와 분석적 채점기준표로 나눌 수 있습니다. 먼저 총체적 채점기준표를 봅시다.

총체적 채점기준표란?

총체적 채점기준표는 학생의 수행 정도를 일정한 등급(예·상/중/하)으로 나누고, 각 등급에 해당하는 학생의 수행과제 수행 수준을 종합적으로 기술하는 방법입니다. 일반적으로 학교에서 가장 많이 사용하는 채점기준표이기도 합니다. 총체적 채점기준표는 하나의 등급에 학생의 과제 수행 정도를 모두 기술하게 되어 있습니다. 다음 예에서 볼 수 있듯이 등급별로 학생의 수행 정도를 종합해서 총체적으로 기술합니다.

〈총체적 채점기준표 양식〉

등급	내용
상	수행평가 과제의 지식, 형식, 조건을 모두 충족했으며, 내용 면에서도 주어진 조건을 충족해 우수함
중	수행평가 과제의 지식, 형식, 조건을 대부분 충족했으나, 조금 부족한 점이 있으며, 내용 면에서도 주어진 조건을 대부분 충족했으나 다소 부족한 점이 보임
하	수행평가 과제의 지식, 형식, 조건을 충족하지 못했으며, 내용 면에서도 주어진 조건을 채우지 못함

총체적 채점기준표 진술 방식

총체적 채점기준표 진술 방식이 따로 정해진 것은 아니지만, 저는 수행평가 과제 수행 정도를 '앞부분'과 '뒷부분'으로 나누어서 기술합니다. 앞부분은 주로 지식, 학습요소, 조건 등 '지식'이나 '형식', '형태'처럼 밖으로 명확하게 드러나는 '외형적인 면', '표면적인 면'을 기술하고, 뒷부분은 수행한 내용, 가치, 태도 등 '내용적인 면'을 기술합니다.

앞부분	⇨	지식, 학습요소, 조건, 형식, 형태 등 표면적이거나 외형적인 면을 기술
뒷부분	⇨	내용, 가치, 태도 등 내용적인 면을 기술

총체적 채점기준표 예시

다음과 같은 성취기준이 있습니다.

성취기준

(2015) [6국05-04] 일상생활의 경험을 이야기나 극의 형식으로 표현한다.

(2022) [6국05-05] 자신의 경험을 시, 소설, 극, 수필 등 적절한 갈래로 표현한다.

이에 따른 평가기준은 다음과 같습니다.

성취기준	평가기준	
[6국05–04] 일상생활의 경험을 이야기나 극의 형식으로 표현한다.	상	일상적 경험에서 가치를 발견해 이야기나 극의 형식으로 구조화해 창의적으로 표현할 수 있다.
	중	일상생활에서 기억에 남는 경험을 이야기나 극의 형식에 담아 표현할 수 있다.
	하	일상생활의 경험을 간단한 이야기나 극의 형식으로 표현할 수 있다.

위의 성취기준과 평가기준으로 다음과 같은 총체적 채점기준표를 만들어 보았습니다. 총체적 채점기준표 개발은 다음 장에서 자세하게 알아보겠습니다.

〈총체적 채점기준표 예시〉

등급	내용
상	이야기 3요소와 이야기 형식을 모두 구조화해 이야기를 썼으며, 일상생활에서 자신이 발견한 가치를 이야기로 써서 주제가 명확하고, 읽는 사람이 공감할 수 있도록 썼음

중	이야기 3요소와 이야기 형식을 갖추어 이야기를 썼으나 일부 내용이 빠졌으며, 일상생활에서 자신이 발견한 가치를 이야기로 썼으나, 주제의 명확성과 읽는 사람의 공감을 일으키는 면에서 다소 부족하게 썼음
하	이야기 3요소와 이야기 형식을 갖추지 못했고, 일상생활에서 자신이 발견한 가치를 이야기로 썼으나, 주제가 잘 드러나지 않았고, 공감을 일으키기 어렵게 썼음

총체적 채점기준표의 장점

첫째, 단순한 점수를 부여하기에 적합합니다. 총체적 채점기준표는 학생의 성취수준을 종합적으로 판단해 기술하기 때문에 점수 산출이나 채점하기가 쉽습니다. 위의 예에서도 학생의 소설 작품을 읽어보고 종합적으로 판단해 상/중/하 중하나를 부여합니다. 분석적 채점기준표에 비해 채점하기 쉽고, 시간도 적게 걸립니다.

둘째, 단순한 수행평가 과제를 평가할 때 효과적입니다. 그러나 평가하는 기준이 하나라서 복잡한 과제를 평가하기에는 적합하지 않습니다. 위에서 예로 든 소설 쓰기만 해도 평가해야 할 요소가 많고, 비교적 내용이 복잡해서 총체적 채점기준표로 평가하기에 적합하다고 볼 수 없습니다. 그러나 다음처럼 단순한 수행과제를 평가한다면 아주 좋습니다.

(2015) [2슬02-03] 봄이 되어 볼 수 있는 다양한 동식물을 찾아본다.

위 성취기준에 따른 수행평가 과제는 봄에 볼 수 있는 동식물 찾기가 될 것입니다.

수행평가 과제: 봄에 볼 수 있는 동물과 식물 5가지 이상 찾기

〈총체적 채점기준표 예시〉

등급	내용
상	봄에 볼 수 있는 다양과 동물과 식물을 5가지 이상 찾았다.
중	봄에 볼 수 있는 다양한 동물과 식물을 3~4가지 찾았다.
하	봄에 볼 수 있는 다양한 동물과 식물을 1~2가지 찾았다.

다음과 같은 성취기준도 총체적 채점기준표로 작성하면 좋습니다.

(2015) [2슬04-01] 여름 날씨의 특징과 주변의 생활 모습을 관련짓는다.	상	여름 날씨와 사람들의 생활 모습의 관련성을 3가지 이상 발표할 수 있다.
	중	여름 날씨와 사람들의 생활 모습의 관련성을 1~2가지 발표할 수 있다.
	하	여름 날씨나 사람들의 생활 모습을 말할 수 있다.

총체적 채점기준표는 이렇게 비교적 단순한 수행평가 과제를 평가하기에 적합합니다. 하지만 학생의 역량과 교과 지식 전이를 강조하는 요즘의 교육과정 경향으로 봤을 때, 앞으로 위의 예 같은 간단한 성취기준을 보기는 쉽지 않을 것입니다. 2022 개정 교육과정에서 위와 비슷한 단순한 성취기준을 찾아보았는데, 다음과 같은 것만 보이더군요. 2022 개정 교육과정 성취기준이 훨씬 더 복잡하고 포괄적이죠? 따라서 앞으로는 총체적 채점기준표보다 분석적 채점기준표가 더 많이 사용될 것이라 예상됩니다.

(2022) [2슬01-04] 사람과 자연, 동식물이 어우러져 사는 생태를 탐구한다.

(2022) [2슬03-02] 계절과 생활의 관계를 탐구한다.

총체적 채점기준표의 단점

총체적 채점기준표의 장점을 뒤집으면 그대로 단점으로 이어집니다.

첫째, 복잡한 수행평가 과제를 평가하기 어렵습니다.

둘째, 구체적인 정보를 얻기 어렵습니다. 총체적 채점기준표는 종합적으로 판단해 점수를 부여하기 때문에 구체성이 떨어집니다. 학생이 구체적으로 무엇을 잘했으며, 무엇이 부족한지 알 수 없습니다. 특히 '중' 수준의 학생은 자신이 '중'을 받은 구체적인 정보를 얻을 수 없습니다. 앞의 예를 보면 '중' 수준에서 '일부 내용이 빠졌다'라고 했는데, 구체적으로 빠진 '일부 내용'이 무엇인지 알 수 없는 거죠.

셋째, 학생의 구체적인 평가 정보를 얻기 어렵기 때문에 구체적인 피드백을 하기도 어렵습니다. 피드백은 과정중심평가와 교수평기 일체화의 핵심 중의 핵심인데, 피드백을 줄 수 없으면 과정중심평가에 적용하기에 매우 취약하다고 할 수 있습니다. 따라서 구체적인 피드백과 과정중심평가를 하려면 다음 장에서 소개하는 분석적 채점기준표에 관한 이해가 꼭 필요합니다.

평가기준과 총체적 채점기준표의 차이점

사실 많은 선생님이 평가기준과 총체적 채점기준표를 혼동합니다. 평가기준을 그냥 채점기준표로 사용하면 안 되느냐는 질문도 있었습니다. 이런 현상은 두 방법의 형식과 내용에 비슷한 면이 있기 때문입니다. 둘 다 수행 수준을 나타내기 때문에 상/중/하 같은 등급이 있고, 하나의 등급에 수행의 정도를 종합해서 기술한다는 점에서 매우 유사합니다.

또, 관행 탓도 있습니다. 채점기준표를 별도로 개발하지 않고, 평가기준을 그냥 총체적 채점기준표로 사용하기도 하니까요. 실제로 일선 학교의 수행평가 계획을 보면 평가기준을 그대로 채점기준표로 사용하고 있는 경우를 쉽게 발견할 수 있습니다. 그러나 평가기준은 포괄적인 수행의 이해와 수준을 제시한 것입니다. 학생이 해야 할 과제의 수행 수준을 교사가 이해할 수 있을 뿐이지 구체적인 수업 장면을 담고 있지 않고, 학생의 수행과제를 평가해 줄 만큼 구체적으로 기술되어 있지도 않습니다.

엄밀하게 말하면 평가기준은 수행의 목표를 수준에 따라 나누어 놓은 것이고, 총체적 채점기준표는 학생의 수행 결과를 채점하기 위해 개발한 것이라고 할 수 있습니다. 따라서 총체적 채점기준표가 훨씬 더 구체적입니다. 다음 페이지에 있는 총체적 채점기준표를 비교해 보면 그 차이가 보일 겁니다.

〈평가기준〉		〈총체적 채점기준표〉	
등급	내용	등급	내용
상	일상적 경험에서 가치를 발견해 이야기나 극의 형식으로 구조화해 창의적으로 표현할 수 있다.	상	이야기의 3요소와 이야기의 형식을 모두 구조화해 이야기를 썼으며, 일상생활에서 자신이 발견한 가치를 이야기로 써서 주제가 명확하고, 읽는 사람이 공감할 수 있도록 썼음
중	일상생활에서 기억에 남는 경험을 이야기나 극의 형식에 담아 표현할 수 있다.	중	이야기의 3요소와 이야기의 형식을 갖추어 이야기를 썼으나 일부 내용이 빠졌으며, 일상생활에서 자신이 발견한 가치를 이야기로 썼으나, 주제의 명확성과 읽는 사람의 공감을 일으키는 면에서 다소 부족하게 썼음
하	일상생활의 경험을 간단한 이야기나 극의 형식으로 표현할 수 있다.	하	이야기의 3요소와 이야기의 형식을 갖추지 못했고, 일상생활에서 자신이 발견한 가치를 이야기로 썼으나, 주제가 잘 드러나지 않았고, 공감을 일으키기 어렵게 썼음

6 분석적 채점기준표는 무엇이고, 어떻게 사용하나요?

분석적 채점기준표는 수행평가 과제 결과물을 평가하는 기준이 여러 개입니다. 기준별로 등급의 수나 점수 구분점의 수가 여럿이라 평가기준별 등급이나 점수 구분점별로 기대 수행 수준이 기술되어 있습니다. (『수행평가와 채점기준표 개발(개정판)』, 김선 외)

분석적 채점기준표 양식

분석적 채점기준표 양식은 다음과 같습니다. 총체적 채점기준표와 달리 평가요소가 여러 개이며, 각 평가요소에 해당하는 등급을 부여하는 방식입니다. 총체적 채점기준표가 하나의 기준으로 종합적으로 기술한 것과 달리, 분석적 채점기준표는 평가요소를 각각 제시해 각각 수행의 정도를 기술했습니다.

〈분석적 채점기준표 양식(예시)〉

등급(수준) / 평가요소	상	중	하
기준 1	내용을 모두 수행했다.	내용 일부만 수행했다.	내용을 수행하지 못했거나 부족하다.
기준 1	평가요소의 구체적인 내용 해당 사항에 ✔ 표시 ☐ ① 내용 1 ☐ ② 내용 2 ☐ ③ 내용 3		
기준 2	내용을 모두 수행했다.	내용 일부만 수행했다.	내용을 수행하지 못했거나 부족하다.
기준 2	평가요소의 구체적인 내용 해당 사항에 ✔ 표시 ☐ ① 내용 1 ☐ ② 내용 2 ☐ ③ 내용 3		
기준 3	내용을 모두 수행했다.	내용 일부만 수행했다.	내용을 수행하지 못했거나 부족하다.
기준 3	평가요소의 구체적인 내용 해당 사항에 ✔ 표시 ☐ ① 내용 1 ☐ ② 내용 2 ☐ ③ 내용 3		

분석적 채점기준표의 진술 방식

분석적 채점기준표의 진술 방식은 평가할 요소에 관한 기준을 여러 개 세우고, 각 요소에 따른 등급을 부여합니다. 실제로 분석적 채점기준표가 어떻게 적용되는지 알아보도록 하겠습니다. 총체적 채점기준표와 비교하기 위해 총체적 채점기준표에서 사용했던 성취기준으로 분석적 채점기준표를 작성해 보았습니다.

성취기준

(2015) [6국05-04]일상생활의 경험을 이야기나 극의 형식으로 표현한다.

(2022) [6국05-05] 자신의 경험을 시, 소설, 극, 수필 등 적절한 갈래로 표현한다.

위 성취기준으로 다음과 같은 분석적 채점기준표를 개발했습니다.

〈분석적 채점기준표 예시〉

평가요소 \ 수준	매우 잘함	잘함	향상 필요
이야기의 3요소	이야기의 3요소를 모두 표현했다.	이야기의 3요소 중 2가지만 표현했다.	이야기의 3요소 중 1가지 이하로 표현했다.
	□ ① 인물　　□ ② 사건　　□ ③ 배경		
이야기의 형식	이야기의 4단계를 모두 사용해 썼다.	이야기의 4단계 중 2~3개 단계를 사용해 썼다.	이야기의 4단계 중 1개 이하를 사용해 썼다.
	해당 사항에 ✔ 표시 □ ① 이야기를 시작하고 배경과 인물을 설명하는 단계 □ ② 사건이 일어나기 시작하는 단계 □ ③ 등장인물의 갈등이 꼭대기에 이르는 단계 □ ④ 사건을 마무리하는 단계		

표현하기(내용) – 일상적 경험의 가치 표현 – 주제 표현 및 공감 – 창의성	자신이 겪은 일에서 발견한 가치를 이야기로 썼으며, 주제가 명확하게 드러났고, 이야기에 공감이 가서 재미있게 읽힘 * 주제: 친구와 사이좋게 지내자, 사랑하는 내 동생 등	일상적 경험 표현, 이야기 주제, 공감과 재미 중 2가지 요소가 나타나 있다.	일상적 경험 표현, 이야기 주제, 공감과 재미 중 1가지 이하의 요소가 나타나 있다.
	해당 사항에 ✔ 표시 □ ① 자신의 일상적 경험에서 발견한 가치 표현 (□ 즐거웠던 일, □ 감동받았던 일, □ 슬펐던 일, □ 속상했던 일, □ 부끄러웠던 일, □ 후회스러운 일, □ 기타:) □ ② 이야기의 주제가 명확하게 드러남 □ ③ 이야기에 공감이 가서 재미있게 읽힘		

분석적 채점기준표의 장점

분석적 채점기준표의 장점은 다음과 같습니다.

첫째, 학생들에게 평가 결과를 구체적으로 제공할 수 있습니다. 분석적 채점기준표는 총체적 채점기준표에 비해 세부적인 기준으로 평가하기 때문에 평가 결과를 아주 구체적으로 알려줄 수 있습니다.

둘째, 학생이 부족한 점에 대해 즉각적이고 구체적인 피드백을 줄 수 있습니다. 예를 들어 어떤 학생이 이야기의 3요소에서 '☑① 인물, ☑ ② 사건, □ ③ 배경'이라는 평가를 받았다면, "너의 소설에는 배경이 나타나지 않았구나"처럼 피드백할 수 있는 거죠.

셋째, 자기 주도적 학습을 할 수 있습니다. 분석적 채점기준표를 보면 자신이 무엇을 알고, 무엇이 부족한지를 알 수 있어서 자기 주도적 학습을 할 수 있습니다. 이야기의 3요소에서 '☑ ① 인물, ☑ ② 사건, ☐ ③ 배경'이라고 평가받은 학생은 자신이 무엇이 부족한지 쉽게 알아챌 수 있고, 교사는 다음과 같이 피드백할 수 있습니다. "ㅇㅇ아, 너는 무엇을 더 해야 하겠니?" 학생은 "제가 배경을 안 썼어요. 배경에 대해 더 알아봐야겠어요"라고 하겠죠.

넷째, 자기평가, 동료평가 등을 할 수 있습니다. 위에서 제시한 분석적 채점기준표만 보더라도 자기평가나 동료평가가 가능하다는 것을 알 수 있을 것입니다.

다섯째, 수행과정과 결과에 모두 활용할 수 있습니다. 채점기준표는 여행일정표와 같다고 한 걸 떠올려 보세요. 여행일정표를 보며 여행 내내 자신의 여행을 점검하듯이, 분석적 채점기준표를 보며 수업의 전 과정에 걸친 자신의 수행 정도를 점검할 수 있습니다.

만약 이야기를 흐름에 맞게 쓰는 학생이라면 이렇게 점검할 수 있을 겁니다. '① 이야기를 시작하고, 배경과 인물을 설명하는 단계와 ② 사건이 일어나기 시작하는 단계까지 썼구나. 다음에는 ③ 등장인물의 갈등이 꼭대기에 이르는 단계를 써야겠네.' 이야기를 다 쓴 후에는 분석적 채점기준표를 보면서 쓴 글을 직접 평가할 수도 있을 겁니다.

여섯째, 복잡한 수행과제를 평가할 수 있습니다. 분석적 채점기준표는 평가요소를 세분화해 기술하기 때문에 복잡한 수행과제도 요소별로 나누어 평가할 수 있습니다.

일곱째, 수업 설계에 도움을 줍니다. 분석적 채점기준표는 학생의 수행결과를 예측해서 작성해야 하므로 수업에서 다루어야 할 내용을 미리 세부적으로 확인할 수 있습니다. 채점기준표가 수업 설계의 방향과 세부 내용까지 정교하게 만드는 거죠. 여행일정표를 정교하게 작성하면 할수록 여행 자체가 더 정교해지는 것과 같은 이치입니다.

여덟째, 중간통지와 가정통지를 쉽게 할 수 있습니다. 요즘 과정중심평가가 들어오면서 중간통지를 하는 학교가 늘고 있습니다. 그러나 중간통지가 쉬운 일이 아닌 것이 교사의 업무가 그만큼 늘어나서 그렇습니다. 그러나 분석적 채점기준표를 사용하면 교사가 따로 통지표를 만들지 않고, 분석적 채점기준표로 채점한 결과를 통지하기만 하면 됩니다.

기존의 가정통지에서 가장 문제가 되는 것이 바로 학생이 무엇을 알고, 어떻게 했는지를 정확하게 알려주지 않는다는 것이었죠. 분석적 채점기준표로 통지하면 학생의 과제 수행 정도를 구체적으로 알릴 수 있습니다.

아홉 번째, 나이스 기록을 쉽게 할 수 있습니다. 초등의 경우 분석적 채점기준표에 나타난 사항을 중심으로 기록하면 더 쉽습니다. 분석적 채점기준표가 교사의 평가 업무를 줄여주는 역할도 하는 겁니다.

분석적 채점기준표의 단점

분석적 채점기준표의 단점은 다음과 같습니다.

첫째, 개발하는 데 시간과 노력이 많이 듭니다. 분석적 채점기준표 자체가 총체적 채점기준표에 비해 복잡해서 개발에 시간이 많이 필요합니다.

둘째, 채점에도 시간과 노력이 많이 듭니다. 총체적 채점기준표가 종합적으로 판단해 점수를 부여하는 것에 비해, 분석적 채점기준표는 여러 평가요소를 일일이 다 평가하고 채점해야 하기 때문입니다.

7 채점기준표를 개발하는 완벽한 방법

"평가가 중요합니다."

평가 관련 연수에 가면 항상 듣는 말이지만, 정작 평가를 어떻게 해야 하는지에 관한 구체적인 방법론은 매우 빈약합니다. 과정중심평가, 교육과정 수업 평가 기록 일체화의 중요성을 강조했을 뿐, 실제로 실현하기 위한 채점기준표 개발 등에는 소홀했던 거죠. 이번 장에서는 주먹구구식이었던 채점기준표 개발에 대해 구체적으로 알아보도록 하겠습니다.

개발 방법에 들어가기 전에 먼저 어떤 채점기준표가 좋은 것인지를 알아보겠습니다. 『수행평가와 채점기준표 개발(개정판)』에서는 Arter와 McTighe(2001)의 채점기준표 조건을 다음과 같이 소개하고 있습니다.

기준	조건
내용	교사가 학생의 수행에서 무엇을 알아보아야 하는지에 대해 명확히 정의되어 있어야 함
명확성	채점기준표에 기술된 내용은 교사나 학생, 그리고 다른 사람들 누구나 읽어도 그 해석이 같아야 함
실용성/유용성	명확한 기준이 있는 채점기준표라도 활용하기에 너무 복잡하면 아무런 쓸모가 없음. 실용성을 갖추어야 함
기술적 품질 정보	– 중요한 교육목표를 적절하게 측정하고, 수행기준을 일관되게 적용할 수 있어야 함 – 채점기준표를 적용한 채점 결과는 실제로 학생이 무엇을 할 수 있는지 증명할 수 있어야 함

출처: 『수행평가와 채점기준표 개발(개정판)』에 인용한 것을 재인용함

채점기준표 개발 절차

채점기준표 개발 절차는 성취기준 분석과 평가기준 사용법을 바탕으로 합니다. 여러 방법이 있지만 여기서 제시하는 방법은 제 경험을 바탕으로 한 것입니다. 개인적으로 성취기준 분석이든 채점기준표 작성이든 먼저 방법을 제시하고, 그 방법에 따라 개발하는 것을 선호합니다. 따라서 채점기준표 개발 절차를 미리 제시하고, 다음 장에서는 여기에서 제시한 방법을 자세히 알아보도록 하겠습니다. 먼저 채점기준표 개발 절차를 확인해 보세요.

1단계. 성취기준을 분석해서 평가요소를 확인하라.

2단계. 평가기준을 분석해서 실질적인 수행 수준을 이해하라.

3단계. 평가기준 '상' 수준을 분석해 구체적인 평가요소를 찾아라.

4단계. 수행 수준의 수를 결정하라.

5단계. 수행 수준을 기술하라.

6단계. 실제 적용하면서 지속적으로 수정·보완하라.

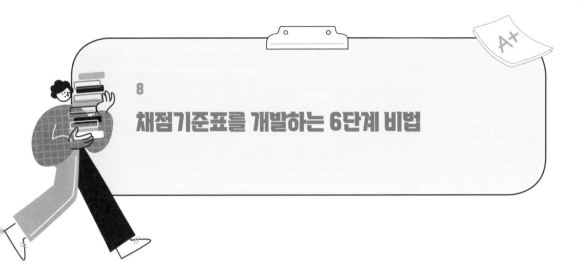

8

채점기준표를 개발하는 6단계 비법

1단계. 성취기준을 분석해서 평가요소를 확인하라

채점기준표 개발의 시작은 성취기준 분석입니다. 성취기준을 분석하면서 첫 번째로 제시한 것이 바로 '성취기준에서 지식과 기능으로 분리하라'였습니다. 채점기준표 개발을 위한 성취기준 분석도 지식과 기능으로 나누는 것에서 시작합니다. 구체적인 사례를 통해 채점기준표를 개발해 보겠습니다. 채점기준표 개발 과정을 일관성 있게 설명하기 위해 총체적 채점기준표에서 다루었던 성취기준으로 설명하겠습니다.

성취기준

(2015) [6국05-04]일상생활의 경험을 이야기나 극의 형식으로 표현한다.

(2022) [6국05-05] 자신의 경험을 시, 소설, 극, 수필 등 적절한 갈래로 표현한다.

위의 성취기준을 분석해서 지식과 기능으로 나누면 다음과 같습니다.

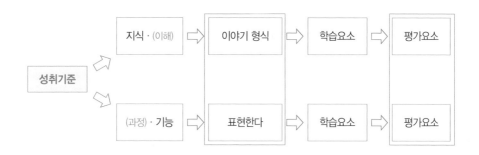

앞에서 알아봤듯이 학습요소와 평가요소는 같습니다. 따라서 성취기준의 지식과 기능은 학습요소이기도 하고, 평가요소이기도 합니다. 이것을 정리하면 다음과 같은 표가 완성됩니다.

학년-학기	학습 내용	세부 평가요소
5-1	이야기(소설) 쓰기	이야기 형식 이야기 쓰기

위의 성취기준에 따른 수행과제는 다음과 같습니다. 성취기준을 보면 이야기나 극의 형식으로 표현하는 것이지만, 여기에서는 편의상 '이야기(소설) 쓰기'를 수행과제로 결정했습니다.

수행평가 과제: 일상생활의 경험을 이야기(소설)로 쓰기

2단계: 평가기준을 분석해서 실질적인 수행 수준을 이해하라

성취기준을 분석해서 포괄적인 평가요소를 찾은 후에는 실질적인 이해를 위해 평가기준을 분석합니다. 채점기준표를 개발할 때 "도와줘요, 평가기준!"을 외쳐보세요. 더 실질적인 내용을 확인할 수 있습니다.

성취기준	평가기준	
[6국05–04] 일상생활의 경험을 이야기나 극의 형식으로 표현한다.	상	일상적 경험에서 가치를 발견해 이야기나 극의 형식으로 구조화해 창의적으로 표현할 수 있다.
	중	일상생활에서 기억에 남는 경험을 이야기나 극의 형식에 담아 표현할 수 있다.
	하	일상생활의 경험을 간단한 이야기나 극의 형식으로 표현할 수 있다.

평가기준 분석

먼저 평가기준의 '상, 중, 하' 수준을 살펴보면서 전반적인 수준을 이해합니다. 다음으로 평가기준 '상' 수준에서 '중, 하' 수준으로 내려가면서 '상' 수준에는 있는데, '중, 하' 수준에는 없는 것을 찾습니다.

'상' 수준에는 있는데 '중' 수준에는 없는 것, '중' 수준에는 있는데 '하' 수준에는 없는 것이 바로 평가요소입니다. 위의 평가기준을 분석해 보면 다음과 같습니다.

수준	일상생활	이야기 형식	창의적 표현
'상' 수준에 있는 것	일상생활에서 가치 발견	이야기 형식 구조화	창의성
'중' 수준에 있는 것	기억에 남는 경험	이야기 형식	X
'하' 수준에 있는 것	일상생활의 경험	간단한 이야기 형식	X

이렇게 수준별로 있는 것과 없는 것을 정리해 놓으면, 각 수준에 따른 차이를 쉽게 발견할 수 있습니다. '일상생활'을 예를 든다면, '상' 수준에서는 일상생활에서도 가치를 발견해서 전하고자 하는 주제가 있어야 하고, '중'에서는 주제까지는 아니더라도 자신의 기억에 남는 의미 있는 경험을 써야 하지만, '하'에서는 특별한 의미 없이 말 그대로 아무 경험이나 써도 된다는 것을 알 수 있습니다. 이상을 정리하면 '상' 수준은 일상생활에서 가치를 발견하고, 이야기 형식으로 구조화하고, 창의성이 드러나야 합니다. 그러나 '하' 수준은 일상생활의 경험과 간단한 이야기 형식에 창의성이 드러나지 않는다는 것을 알 수 있습니다.

3단계: 평가기준 '상' 수준을 분석해 구체적인 평가요소를 찾아라

평가기준을 분석해 수준별 차이점을 이해했다면 3단계에서는 구체적인 평가요소를 찾아야 합니다. 구체적인 평가요소를 찾으려면 먼저 가장 높은 단계인 '상' 수준을 분석합니다. '상' 수준은 구체적인 평가요소를 모두 가지고 있으므로 '상' 수준을 따로 떼어서 분석하면 구체적인 평가요소를 찾아낼 수 있습니다. 위의 평가기준 '상'을 분석해 볼까요.

일상적 경험에서 가치를 발견해 <mark>이야기나 극의 형식으로 구조화</mark>해 창의적으로 표현
할 수 있다.

| 평가요소 1 | 평가요소 2 | 평가요소 3 |

이를 다시 정리하면 다음과 같은 표가 완성됩니다.

학년-학기	학습 내용	세부 평가요소
5-1	이야기(소설) 쓰기	일상적 경험에서 가치 발견 이야기 형식으로 구조화 창의적 표현

이렇게 평가요소를 찾았다고 끝난 것이 아닙니다. 구체적이지 않다는 문제가
있으니까요. '일상적 경험에서 가치 발견'과 '이야기 형식으로 구조화', '창의적
표현'이 무엇을 의미하는지 구체적인 해석이 필요합니다. 이때 필요한 것이 바로
교육과정을 해석할 수 있는 교육과정문해력입니다. 그럼, 구체적으로 평가요소를
찾아보도록 하겠습니다.

먼저 평가요소 1에 대한 저의 해석입니다.

저는 먼저 '일상적 경험에서 발견하는 가치'가 무엇인지를 고민했습니다. 일
상에서 발견하는 가치이기 때문에 멀리 있지 않고, 생활에서 발견할 수 있는 소소

한 가치가 아닐까 생각했습니다. 예를 들어 학교에서 '친구와 사이좋게 지내자'
나 '환경을 보호하자', '가족은 소중하다' 등이 있을 겁니다. 이것을 이야기와 연관
시켰더니, 그냥 아무 이야기나 쓰는 것이 아니라 말하고자 하는 주제가 명확하게
드러나야 한다고 보았습니다. 학생들이 이야기(소설)를 쓰되 주제를 명확하게 써야
하고, 그 주제는 가치 있는 주제가 되어야 하는 것이지요.

또한 '가치' 있는 주제가 되려면 읽는 사람도 공감할 수 있는 주제여야 한다고
생각했습니다. 아무리 주제가 명확해도 그것이 '가치'를 가지려면 모든 사람이 공
감할 수 있어야 하기 때문입니다. 그래서 평가요소 1을 정리하면 다음과 같은 표가
완성됩니다.

학생들에게 일상적 경험에서 가치를 발견하라고 하면 어려워할 것 같아서 채
점기준표에 일상적 경험을 예로 들어 제시했습니다. 이렇게 제시하니 학생들이 소
설 주제를 어디서 찾을 수 있는지 확인할 수 있어서 편했습니다. 또, 주제를 어려워
할 것 같아서 주제 예시로 '친구와 사이좋게 지내자, 사랑하는 내 동생' 등을 제시
했습니다.

- 자신의 일상에서 가치 발견

(☐ 즐거웠던 일, ☐ 감동받았던 일, ☐ 슬펐던 일, ☐ 속상했던 일,

☐ 부끄러웠던 일, ☐ 후회스러운 일, ☐ 기타:)

* 주제: 친구와 사이좋게 지내자, 사랑하는 내 동생 등

다음은 평가요소 2에 관한 해석입니다.

| 평가요소 2 | ⇨ | 이야기나 극의 형식으로 구조화 |

'이야기나 극의 형식으로 구조화'는 소설의 3요소와 소설의 짜임입니다. 사실 이것은 '지식'의 영역이라서 해석보다는 확인의 영역이라고 할 수 있습니다.

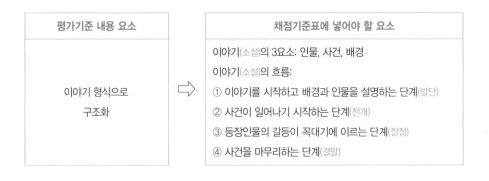

평가기준 내용 요소		채점기준표에 넣어야 할 요소
이야기 형식으로 구조화	⇨	이야기(소설)의 3요소: 인물, 사건, 배경 이야기(소설)의 흐름: ① 이야기를 시작하고 배경과 인물을 설명하는 단계(발단) ② 사건이 일어나기 시작하는 단계(전개) ③ 등장인물의 갈등이 꼭대기에 이르는 단계(절정) ④ 사건을 마무리하는 단계(결말)

마지막으로 평가요소 3에 관한 해석입니다.

| 평가요소 3 | ⇨ | 창의적으로 표현 |

평가요소 3은 '창의적으로 표현'입니다. 사실 이 부분에 대해서는 해석의 여지가 많습니다. 정답이 따로 있는 것이 아니지요. 성취기준의 가치, 태도에 관한 부분은 교사의 적극적인 해석이 필요합니다. 교사가 어느 부분을 '창의적'으로 보느냐에 따라 달라지기 때문에 '창의성'을 바라보는 교사의 관점이 가장 중요합니다. 저는 학생들이 아직 5학년이고, 소설을 써본 경험이 없어서 단순하게 자신이 직접 겪은 이야기를 소설로 썼으면 그것을 창의적인 표현이라고 보았습니다. 자신의 경험에서 주제를 찾아서 소설로 썼으면 '창의성'이라고 본 거지요.

평가기준 내용 요소		채점기준표에 넣어야 할 요소
창의적	⇨	자신의 경험을 이야기로 썼다.

이상의 내용을 반영해서 채점기준표 양식에 맞추어 평가요소를 반영합니다.

학년-학기	학습 내용	세부 평가요소
5-1	이야기 형식 이야기 내용	– 이야기(소설)의 3요소: 인물, 사건, 배경 – 이야기(소설)의 흐름: ① 이야기를 시작하고 배경과 인물을 설명하는 단계(발단) ② 사건이 일어나기 시작하는 단계(전개) ③ 등장인물의 갈등이 꼭대기에 이르는 단계(절정) ④ 사건을 마무리하는 단계(결말) – 자신의 일상에서 가치 발견 (□ 즐거웠던 일, □ 감동받았던 일, □ 슬펐던 일, □ 속상했던 일, □ 부끄러웠던 일, □ 후회스러운 일, □ 기타:) – 주제 표현 및 공감 – 창의성

〈총체적 채점기준표의 경우〉

등급	내용
	이야기의 구조화+주제가 드러남+공감+자신의 이야기를 씀

〈분석적 채점기준표의 경우〉

평가요소 ＼ 수준			
이야기의 3요소			
	해당 사항에 ✔ 표시 □ ① 인물　　□ ② 사건　　□ ③ 배경		
이야기의 형식			
	해당 사항에 ✔ 표시 □ ① 이야기를 시작하고 배경과 인물을 설명하는 단계 □ ② 사건이 일어나기 시작하는 단계 □ ③ 등장인물의 갈등이 꼭대기에 이르는 단계 □ ④ 사건을 마무리하는 단계		
표현하기			
	해당 사항에 ✔ 표시 □ ① 자신의 일상적 경험에서 발견한 가치 표현 (□ 즐거웠던 일, □ 감동받았던 일, □ 슬펐던 일, □ 속상했던 일, □ 부끄러웠던 일, □ 후회스러운 일, □기타:　　　　　) □ ② 이야기의 주제가 명확하게 드러남 □ ③ 이야기에 공감이 가서 재미있게 읽힘 * 주제: 친구와 사이좋게 지내자, 사랑하는 내 동생 등		

4단계. 수행 수준의 수를 결정하라

수행 수준의 수는 최저 수준과 최대 수준의 범위를 결정하는 일입니다. 수준의 단계가 너무 적으면 급 간 수준 차이가 너무 많이 나고, 단계가 너무 많으면 급 간 구분이 잘 안 됩니다. 따라서 교사는 수행과제와 수준의 정도를 판단해 수행 수준의 수를 정해야 합니다. 일반적으로 초등학교처럼 저학년일수록 단계의 수가 적고, 고등학교처럼 고학년으로 올라갈수록 많아집니다. 일반적으로 초등에서는 3~5단계를 많이 사용하고 있습니다.

수행 수준의 수를 결정할 때 또 하나 고려해야 할 점이 있습니다. 바로 나이스와 통일할 필요가 있다는 것입니다. 나이스는 3단계인데, 채점기준표는 4단계면 나중에 채점기준표를 나이스 단계에 맞춰 바꿔야 하는 일이 생깁니다. 현실적으로 나이스를 따라가는 것이 좋을 것 같습니다.

예시로 제시하고 있는 채점기준표는 초등학생이고 소설을 써본 적이 거의 없다는 점, 이제 소설을 알아가는 단계라는 점, 평가기준과 나이스가 3단계인 점을 고려해 3단계 수준(상/중/하)으로 나누었습니다.

〈총체적 채점기준표의 경우〉

등급	내용
상	이야기의 구조화+주제가 드러남+공감+자신의 이야기를 씀
중	
하	

〈분석적 채점기준표의 경우〉

평가요소 　　　　수준	상	중	하
이야기의 3요소	해당 사항에 ✔ 표시 ☐ ① 인물　☐ ② 사건　☐ ③ 배경		

5단계. 수행 수준을 기술하라

수행 수준 기술은 채점기준표 개발의 핵심입니다. 가장 어려운 일이기도 하지요. 수행 수준을 기술할 때는 '상' 수준부터 차례로 아래로 내려가면서 수행의 수준을 기술합니다.

'상' 수준은 '모든 평가요소를 기준에 맞게 수행했다'로 기술합니다.

상 ⇨ 수행과제를 모두 해결함, 증거를 모두 제시함, 증거가 모두 나타남

'중' 수준은 '수행과제 일부를 해결했다' 혹은 '일부에서 오류가 발견되었다' 등으로 기술합니다.

중 ⇨ 수행과제 일부를 해결함, 증거 중 일부만 제시함, 증거 중 일부만 나타남

'하' 수준은 '수행과제를 수행했으나 수행과제를 해결하지 못했다'처럼 제시합니다. 여기서 주의할 점은 '수행과제를 하지 못했다'로 기술하는 걸 지양해야 한다는 겁니다. 아무리 '하' 수준이라도 수행과제를 하기 위해 조금이라도 뭔가 했을 수 있으니 그보다는 '수행과제의 근거를 제시했으나, 평가요소에 해당하는 내용이 없다'처럼 표현하는 것이 적당합니다. 만약 '아무것도 하지 않았다'라고 하면 조금이라도 한 학생에게 '하'를 줄 수 없게 될 수도 있습니다.

하 ⇨ 수행과제의 증거를 제시했으나, 평가요소에 해당하는 내용이 부족하거나 없음

이와 같은 기술 방법으로 수행의 수준을 기술하면 다음과 같습니다.

〈총체적 채점기준표의 경우〉

등급	내용
상	이야기의 3요소와 이야기의 형식을 모두 구조화해 이야기를 썼으며, 일상생활에서 자신이 발견한 가치를 이야기로 써서 주제가 명확하고, 읽는 사람이 공감할 수 있도록 썼음
중	이야기의 3요소와 이야기의 형식을 갖추어 이야기를 썼으나 일부 내용이 빠졌으며, 일상생활에서 자신이 발견한 가치를 이야기로 썼으나, 주제의 명확성과 읽는 사람의 공감을 일으키는 면에서 다소 부족하게 썼음
하	이야기의 3요소와 이야기의 형식을 갖추지 못했고, 일상생활에서 자신의 경험을 이야기로 썼으나 주제가 잘 드러나지 않았고, 공감을 일으키기 어렵게 썼음

〈분석적 채점기준표의 경우〉

수준 / 평가요소	매우 잘함	잘함	향상 필요
이야기의 3요소	이야기의 3요소를 모두 표현했다.	이야기의 3요소 중 2가지만 표현했다.	이야기의 3요소 중 1가지 이하로 표현했다.
	☐ ① 인물 ☐ ② 사건 ☐ ③ 배경		
이야기의 형식	이야기의 4단계를 모두 사용해 썼다.	이야기의 4단계 중 2~3개 단계를 사용해 썼다.	이야기의 4단계 중 1개 이하를 사용해 썼다.
	해당 사항에 ✔ 표시 ☐ ① 이야기를 시작하고 배경과 인물을 설명하는 단계 ☐ ② 사건이 일어나기 시작하는 단계 ☐ ③ 등장인물의 갈등이 꼭대기에 이르는 단계 ☐ ④ 사건을 마무리하는 단계		
표현하기(내용) - 일상적 경험의 가치 표현 - 주제 표현 및 공감 - 창의성	자신이 겪은 일에서 발견한 가치를 이야기로 썼으며, 주제가 명확하게 드러났고, 이야기에 공감이 가서 재미있게 읽힘 * 주제: 친구와 사이좋게 지내자, 사랑하는 내 동생 등	일상적 경험 표현, 이야기 주제, 공감과 재미 중 2가지 요소가 나타나 있다.	일상적 경험 표현, 이야기 주제, 공감과 재미 중 1가지 이하의 요소가 나타나 있다.
	해당 사항에 ✔ 표시 ☐ ① 자신의 일상적 경험에서 발견한 가치 표현 (☐ 즐거웠던 일, ☐ 감동받았던 일, ☐ 슬펐던 일, ☐ 속상했던 일, ☐ 부끄러웠던 일, ☐ 후회스러운 일, 기타:) ☐ ② 이야기의 주제가 명확하게 드러남 ☐ ③ 이야기에 공감이 가서 재미있게 읽힘		

채점기준표를 다 기술해 놓고 보면 뭔가 만족스럽지 않다고 느낄 수 있습니다. '이게 맞나?' 하는 의구심도 들고 자신감도 없어집니다. 그러나 수행 수준을 기술한다는 것이 그렇게 만만한 일이 아닙니다. 1부에서 기준(준거)참조평가의 단점을 전하면서 '기준설정이 어렵다'는 점이 가장 큰 단점이라고 말한 걸 떠올려 보세요. 평소 평가를 잘하는 선생님이라도 어렵기는 마찬가지입니다. 저도 마찬가지입니다.

이 책에 있는 채점기준표를 보면서 여러 오류를 발견한 사람이 있을지도 모르겠습니다. 하지만 완벽한 채점기준표란 없다고 생각합니다. 다 같이 겪는 어려움이니까 완벽하게 시작하려고 하지 말고, 일단 저질러 보는 용기를 내보세요. 채점기준표를 작성하기 시작했다는 것 자체에 큰 의미가 있습니다. 첫발을 내딛는 것 자체가 평가에 있어 커다란 진척이니까요.

6단계. 실제 적용하면서 지속적으로 수정·보완하라

채점기준표를 작성한 후 실제로 적용해 보면, 교사의 의도와 학생이 받아들이는 지점이 다르다는 것을 바로 발견할 수 있을 겁니다. 교사가 아무리 신중하게 개발했어도 허점이 있기 마련입니다. 따라서 채점기준표 개발의 마지막 단계는 실제로 적용하면서 수정·보완하는 시간이 필요합니다. 실제 사례를 통해 어떻게 수정·보완했는지 알아볼게요. 다음과 같은 성취기준이 있습니다.

(2015) [6국05-03] 비유적 표현의 특성과 효과를 살려 생각과 느낌을 다양하게 표현한다.
(2022) [6국05-02] 비유적 표현의 효과에 유의해 작품을 감상한다. (비교를 위한 참고자료)

위의 성취기준에 따라 다음과 같은 수행평가 과제를 정했습니다.

수행평가 과제: 비유적 표현을 사용해 자신이 좋아하는 가수에 관한 시 쓰기

위의 성취기준으로 학생들에게 다음과 같은 총체적 채점기준표를 제시했습니다.

	비유적 표현(직유법, 은유법)
매우 잘함	비유할 대상의 공통점을 찾아 4개 이상의 비유적 표현(은유법, 직유법)을 사용해 시를 썼다.
잘함	비유할 대상의 공통점을 찾아 2~3개의 비유적 표현(은유법, 직유법) 사용해 시를 썼다.
향상 필요	비유할 대상의 공통점을 찾았으나 비유적 표현(은유법, 직유법)을 1개 이하로 사용했다.

이렇게 채점기준표를 제시하자 학생이 다음과 같은 작품을 썼습니다.

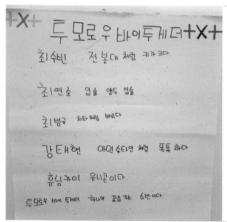

투모로우 바이 투게더

최수빈 전봇대처럼 키가 크다
최연준 입술 앵두 입술
최범규 치타처럼 빠르다
강태현 아인슈타인처럼 똑똑하다
휴닝카이 유니콘이다
투모로우 바이 투게더 하나의 꿈을 꾸는 소년이다.

어떤가요? 이 학생에게 '매우 잘함'을 주어야 할까요? 채점기준표에 따르면 '매우 잘함'을 주어야 합니다. 하지만 작품을 읽어보면 '매우 잘함'을 주기에는 뭔가 부족하다고 느껴지죠. 그렇다고 채점기준표로는 '매우 잘함'인데, '잘함'을 줄 수도 없는 일입니다. 이 학생뿐만이 아니라 다른 학생의 작품에서도 이런 현상이 나타납니다. 학생으로서는 채점기준표에서 제시하는 기준을 충족하기만 하면 되니까요. 그때, 깨달았습니다. '아, 내가 채점기준표를 잘못 개발했구나. 학생은 채점기준표에 쓰여 있는 대로만 하는구나.' 그래서 다음 해에는 채점기준표를 다음과 같이 바꾸었습니다.

수준 평가요소	매우 잘함	잘함	향상 필요
비유적 표현	비유할 대상의 공통점을 찾아 4개 이상의 비유적 표현을 사용해 표현했다. (중복사용 가능)	비유할 대상의 공통점을 찾아 2~3개의 비유적 표현을 사용했다.	비유할 대상의 공통점을 찾아 1개 이하의 비유적 표현을 사용했다.
	□ ① 은유법　　□ ② 직유법		
내용 (개성, 독창성)	비유할 대상의 적절한 공통점을 찾아 대상에 관한 자신의 생각과 느낌을 표현했다.	공통점이나 생각과 느낌 표현 중 하나만 나타나 있다.	비유할 대상의 공통점을 찾았으나 적절성이 부족하고, 생각과 느낌이 잘 나타나 있지 않다.
	□ ① 적절한 공통점 찾기 □ ② 생각과 느낌 표현		

기존 채점기준표에 비유할 대상의 공통점을 찾고, 그에 대한 자신의 생각과 느낌을 추가하라고 제시했습니다. 그랬더니 다음과 같은 결과를 얻었습니다.

톱킹이들

투모로우바이 투게더의 노래는 핫팩처럼 따뜻하다. 핫팩처럼 그들의 노래는 포근한 이불처럼 나를 안아 준다.

투모로바이 투게더의 춤은 시험 보는 도중 쓰는 자처럼 딱 딱 잘 맞는다. 그들의 안무를 보고 있으면 AI로봇처럼 완벽하다는 생각이 든다.

투모로우바이투게더의 외모는 꽃이 가득한 풍경을 보는 것처럼 아름답다. 마치 한여름에 에어컨을 튼 것처럼 기분 좋고 상쾌하게 느껴진다.

투모로우 바이 투게더의 매력은 깊은 호수에 빠진 것처럼 헤어 나오질 못한다. 구명조끼를 입어도 못 나올 것 같다.

NewJeans

뉴진스의 목소리는 비타민처럼 상큼하다.
상큼한 목소리는 잠을 깨게 해주고
시원한 느낌이 나를 충전시켜 준다.

뉴진스의 춤은 새다.
자유로운 춤은 나를
하늘로 날아가게 해줄 것 같다.

뉴진스의 인기는 별처럼 많다.
별이 이 세상에 아주 많은 것처럼
뉴진스의 인기도 별처럼 많은 것 같다.

뉴진스의 가사는 꽃이다.
예쁜 가사는 꽃이
사람을 기분 좋게 해주듯
가사도 나를 기분 좋게 만든다.

어떤가요? 처음과 비교해서 많이 달라졌죠. 사실 이런 일이 비일비재합니다. 채점하다 보면 채점기준표의 문제점이 고스란히 드러납니다. 그래서 수행평가가 끝나면 학생의 수행 결과를 토대로 채점기준표의 문제를 발견하고, 수정·보완하는 작업이 꼭 필요합니다. 때로는 학생들에게 채점기준표를 보여주고 어떻게 할지 의논하는 것도 좋습니다. 채점기준표가 잘못되었다고 학생들에게 양해를 구하고, 수정한 채점기준표로 다시 수행평가를 본 일도 있었습니다.

저는 채점기준표를 개발할 때부터, 이 채점기준표는 초안에 불과하다고 생각합니다. 언제든지 수정할 수 있다는 전제로 개발하고 있지요. 부족하면 부족한 대로 시작하고, 수정하고 다시 적용해 본다는 마음으로 작성합니다. 내가 만든 채점기준표에서 오류라도 발견되면 어쩌나 싶어서 잘 드러내지 않고, 동료교사에게 보여주는 것도 쉽지 않다는 걸 잘 압니다. 그러나 채점기준표를 개발할 때 동료교사에게 보여주고 조언을 듣는 일은 도움이 많이 됩니다. 완벽한 채점기준표는 애초부터 존재하지 않으니까요. 용기 내서 동료교사에게 보여주고, 용기 내서 학생에게 보여주다 보면 채점기준표가 더욱 정교하게 발전한다는 것을 느낄 수 있을 것입니다.

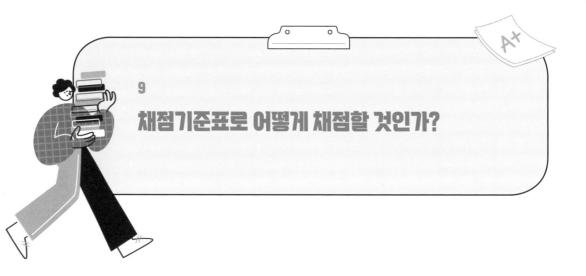

9

채점기준표로 어떻게 채점할 것인가?

총체적 채점기준표는 성취기준의 달성 정도를 하나의 기준으로 종합해서 채점하기 때문에 등급을 부여하기가 어렵지 않습니다. 학생의 수행 수준을 종합적으로 판단해서 등급을 부여하면 됩니다. 총체적 채점기준표의 장점은 바로 채점하기 쉽다는 것입니다.

〈총체적 채점기준표 채점 예시〉

등급	내용
상	✔
중	
하	

그러나 분석적 채점기준표는 하나의 성취기준에 따른 평가요소가 여러 개고, 이를 각각 채점하기 때문에 다음과 같은 문제가 생깁니다.

〈분석적 채점기준표 채점 예시〉

수준 평가요소	상	중	하
A	✔		
B		✔	
C			✔

위의 예처럼 각 평가요소에 서로 다른 등급을 받으면 전체적으로 어떤 등급을 주어야 할지 모르게 됩니다. 따라서 별도의 논리규칙을 마련해야 하죠. 예를 들어 위처럼 평가요소가 3개라면 전체등급 '상'을 받으려면 3개 모두 '상'이거나, 2개 가 '상'이고 1개가 '중'이어야 하며 '하'는 없어야 한다는 식으로 말이지요.

논리규칙 개발하기

논리규칙을 만들 때는 '상'과 '하'를 정하고 '상'과 '하'를 제외한 나머지를 '중' 으로 하면 조금 편합니다. 예를 들어 평가요소가 3개이고, 3단계일 경우 '상' 과 '하'를 결정해 보겠습니다.

전체등급 '상' 수준 결정하기

'상'의 경우 상을 3개 받는 경우는 무조건 '상'이겠지요. 다음으로 '상'이 2개고, '중'이 1개인 경우가 있을 겁니다. 이런 경우도 논리적으로 '상'에 해당한다고 생각하면 '상'을 줄 수 있습니다. 그런데 '상'이 2개, '하'가 1개라면? 논리적으로 '하'가 있으면 '상'을 주기 어려울 겁니다. 그러면 '상' 수준은 다음과 같다고 할 수 있습니다.

상: 상 3개, 상 2개+중 1개

전체등급 '하' 결정하기

일단 '하'가 3개라면 무조건 '하'입니다. 문제는 하 2개와 중 1개일 때인데 어떻게 할까요? 논리적으로 '중'을 주기는 어려울 겁니다. 그럼, 하 2개와 상 1개는? 그래도 '상'이 있으니 '하'를 주기가 무리다 싶으면 '중'으로 결정합니다. 결국 전체등급 '하'는 하 3개, 하 2개+중 1개가 됩니다.

전체등급 '중' 결정하기

'중'은 '상'과 '하'를 제외한 나머지로 분류합니다.

등급	평가기준 1	평가기준 2	평가기준 3
상/A/매우 잘함 등	기대수행 수준기술	기대수행 수준기술	기대수행 수준기술
중/B/잘함 등	기대수행 수준기술	기대수행 수준기술	기대수행 수준기술
하/C/향상 필요 등	기대수행 수준기술	기대수행 수준기술	기대수행 수준기술
기타 사항	교사가 특이 사항 등을 기록할 수 있음		

전체등급	상	전체등급 기준	상: '상' 3개, '상' 2개+'중' 1개 중: '하' 1개 이하 하: '하' 3개, '하' 2개+'중' 1개

출처: 『수행평가와 채점기준표 개발(개정판)』, 김선 외

논리규칙을 개발할 때, 평가요소별로 가중치를 줄 수도 있습니다. 예를 들어 평가요소 A의 난이도가 다른 평가요소보다 월등히 높다면 평가요소 A에 가중점수를 부여할 수 있죠. 또, 학생들과 함께 논리규칙을 정할 수도 있습니다. 논리규칙을 적용해 채점하는 방식은 절대평가로 점수 산출이 필요 없는 초등인 경우에만 가능합니다. 점수 산출이 필요한 중등에서는 이를 점수로 변환할 별도의 장치를 마련해야 합니다. 또한 이렇게 논리규칙을 개발했다면 반드시 평가 전에 학생에게 사전 공지해야 합니다. 기준(준거)참조평가에서는 기준을 미리 제시해야 하기 때문이지요.

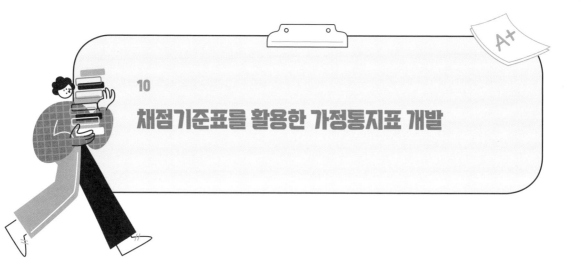

10 채점기준표를 활용한 가정통지표 개발

초등교사에게 수행평가 결과에 관한 가정통지는 항상 어렵고 번거로운 일입니다. 예전에는 학기말이나 학년말에 1회만 통지하면 되었으나, 과정중심평가가 적용되면서 수시로 통지하는 것으로 바뀌고 있습니다. 수행평가 후 별도의 양식으로 통지하려면 관련된 업무 또한 만만치 않습니다.

그러나 분석적 채점기준표를 이용하면 이런 번거로움을 어느 정도 해소할 수 있습니다. 교사는 이미 개발된 양식을 활용하니 덜 수고스럽고, 학생과 학부모는 구체적인 학생의 학습 상황을 알 수 있다는 장점이 있습니다. 다음 표는 분석적 채점기준표를 기반으로 한 수행평가 결과 통지표 양식입니다. 학교 현장에서 활용하면 좋을 것 같습니다.

〈가정통지표 양식〉

더 성장하는 나를 위해

학년 반 (   )번 이름(   )

학년-학기	과목	단원	성취기준
5-1	국어	10. 주인공이 되어	[6국05-04] 일상생활의 경험을 이야기나 극의 형식으로 표현한다.

평가기준(상)	세부평가요소
(상) 일상적 경험에서 가치를 발견해 이야기나 극의 형식으로 구조화해 창의적으로 표현할 수 있다.	이야기의 형식 구조화, 주제 표현, 창의적 표현

수행평가과제	일상의 경험을 짧은 이야기로 표현하기

평가요소 \ 수준	잘함	보통	노력요함
이야기의 3요소	이야기의 3요소를 모두 표현했다.	이야기의 3요소 중 2가지 만 표현했다.	이야기의 3요소 중 1가지 이하로 표현했다.
	□ ① 인물　　□ ② 사건　　□ ③ 배경		
이야기의 흐름	이야기의 4단계를 모두 사용해 썼다.	이야기의 4단계 중 2~3 개 단계를 사용해 썼다.	이야기의 4단계 중 1개 이하를 사용해 썼다.
	□ ① 이야기를 시작하고 배경과 인물을 설명하는 단계 □ ② 사건이 일어나기 시작하는 단계 □ ③ 등장인물의 갈등이 꼭대기에 이르는 단계 □ ④ 사건을 마무리하는 단계		
표현하기(내용) – 일상적 경험의 가치 표현 – 주제 표현 및 공감 – 창의성	자신이 겪은 일에서 발견한 가치를 이야기로 썼으며, 주제가 명확하게 드러났고, 이야기에 공감이 가서 재미있게 읽힘	일상적 경험 표현, 이야기 주제, 공감과 재미 중 2가지 요소가 나타나 있다.	일상적 경험 표현, 이야기 주제, 공감과 재미 중 1가지 이하의 요소가 나타나 있다.
	* 주제: 친구와 사이좋게 지내자, 사랑하는 내 동생 등		
	□ ① 자신의 일상적 경험에서 발견한 가치 표현 (□ 즐거웠던 일, □ 감동받았던 일, □ 슬펐던 일, □ 속상했던 일, □ 부끄러웠던 일, □ 후회스러운 일, 기타:　　　　　) □ ② 이야기의 주제가 명확하게 드러남 □ ③ 이야기에 공감이 가서 재미있게 읽힘		

성취 수준		
잘함 3개, 잘함 2개+보통 1개	잘함과 노력요함을 제외한 모든 것	노력요함 3개, 노력요함 2개+보통 1개
잘함	보통	노력요함

※ 나의 성장을 기록해 봅시다.

11

교육과정매핑과 지도안은 어떻게 써야 하나요?

학교 지도안 작성 시, 평가계획은 '구색 맞추기'에 불과한 면이 있었을 겁니다. 교수 학습 과정을 쓰고, 형식적으로 맨 아래에 평가계획을 작성했지요. 그런데 수업과 평가가 기준(준거)참조평가로 바뀌었습니다. 그렇다면 그동안 관행적으로 작성하던 평가계획도 기준(준거)참조평가에 맞게 바뀌어야 합니다.

특히 기준(준거)참조평가에서는 수업 시작 전에 학생들에게 채점기준표를 제시하죠. 이걸 생각하면 지도안을 작성할 때부터 기존 방식과 달리 평가 부분이 교수·학습 과정안 앞부분에 나와야 합니다. 그래야 실질적인 평가계획이 될 수 있기 때문입니다.

지도안 자체도 바뀌어야 한다고 생각합니다. 지금 사용하고 있는 지도안은 과거에 개발된 양식으로 프로젝트 수업과 교육과정 재구성이 일반화된 현실에는 맞지 않습니다. 프로젝트 수업처럼 과제 수행 중심으로 수업이 진행되는 경우 수업의 전 과정을 살펴볼 수 있는 교육과정매핑(Mapping)이 더 적당합니다. 그러나 아직

적당한 교육과정매핑 양식이 없어서 제 경험을 바탕으로 교육과정매핑 양식을 작성해 보았습니다.

참고로 다음 양식은 소설 쓰기 관련 성취기준으로 작성한 교육과정매핑입니다. 프로젝트 수업 기반으로 작성했습니다. 프로젝트 수업과 교육과정매핑에 대한 자세한 내용은 제가 집필한 『학생 중심수업, 교육과정을 디자인하다』를 참고하세요. 막막한 선생님들에게 많은 도움이 될 거라 믿습니다.

5학년 국어 프로젝트 수업 교육과정매핑(Mapping)

1. 프로젝트 수업의 개요

프로젝트명	슬기로운 학교생활 '소설 발표회'		
프로젝트 유형	단일교과 PBL		
학년	5학년		
주 과목	국어		
다른 과목과의 연계(옵션)	없음		
관련 단원	국어	10. 주인공이 되어	
수업 운영 차시	10차시	기간	

2. 성취기준

과목	성취기준	지식	기능	활동
국어	(2015) [6국05-04] 일상생활의 경험을 이야기나 극의 형식으로 표현한다.	이야기	이야기 쓰기	이야기 쓰기

3. 탐구 질문

우리가 학생 소설가가 되어 우리의 생활 모습을 우리 학교 선생님과 전교생에게 소설로 써서 발표하려면 어떻게 해야 할까?

4. 프로젝트 아이디어

주요 이슈, 도전 사항, 탐구, 시나리오, 문제에 관한 요약

초등학교 5학년 학생들의 삶을 주제로 한 이야기를 읽어보고, 우리의 삶을 이야기(소설)로 표현해 본다.

5. 개념 게시판

프로젝트를 수행하기 위해서 반드시 알아야 할 지식입니다.

⇨ 이야기의 3요소

인물	이야기에서 어떤 일을 겪는 인물
사건	이야기에서 일어나는 일
배경	이야기가 펼쳐지는 시간과 장소

⇨ 경험을 이야기로 표현하는 방법(이야기의 흐름)

① 이야기를 시작하고 배경과 인물을 설명하는 단계

② 사건이 일어나기 시작하는 단계

③ 등장인물의 갈등이 꼭대기에 이르는 단계

④ 사건을 마무리하는 단계

6. 모둠(팀) 구성

글 팀장	이야기(소설)에 대해 소질과 흥미가 있어서, 소설을 소개하고 소설을 쓸 때 도움을 줄 수 있는 사람
디자인팀장	꾸미기와 디자인을 잘해서 소설책 표지나 본문을 꾸미는 일을 주도할 수 있는 사람
발표팀장	소설 발표회를 주도할 수 있는 사람
총괄지원팀장	이 프로젝트를 이끌고 나가면서 팀의 성공적인 프로젝트 수행을 위해 모든 도움을 줄 수 있는 사람

7. 프로젝트 수업 결과물

개인	이야기(소설) 1편
단체	소설집 발행

8. 프로젝트 수업 흐름도

순서	수업 단계	활동 내용	평가	비고
1	도입활동 & 탐구질문	프로젝트 주제 탐구질문 일반청중 프로젝트 개인과 모둠별 결과물 확인 평가 확인 채점기준표(배움) 확인 프로젝트 계획서		채점 기준표
2	지식과 기능 쌓기 1	이야기의 3요소 알기 도서관에서 소설 찾아서 읽기 소설에서 인물 사건 배경 찾아보기 인물 사건 배경 관계도 그려보기	형성 평가	

3	지식과 기능 쌓기 2	이야기(소설)의 흐름 알기 자신이 읽고 있는 소설에서 이야기 흐름 찾아서 정리하기	형성 평가	
4	결과물 개발하고 수정하기 1	이야기(소설) 쓰기 1 – 소재 모으기(즐거웠던 일, 감동받은 일 등) 인물, 관계, 특징 정리하기 중요한 사건, 배경 정리하기		
5	결과물 개발하고 수정하기 2	이야기(소설) 쓰기 2 이야기(소설) 흐름별로 사건 정리하기 이야기(소설) 쓰기	수행 평가	채점 기준표
6	결과물 개발하고 수정하기 3	이야기(소설) 쓰기 3 표지 선정하기 원고 교정하기		
7	결과물 개발하고 수정하기 4	이야기(소설) 쓰기 4 책 출판하기 출간된 책 도서관에 등록하기		도서관
8	결과물 발표하기	출간된 책 전시 및 소설 발표회 개최 – 교장, 담임 선생님께 소설 발표하기 복도에 전시하기 도서관에 오늘의 작가로 5학년 선정하기 – 도서관에서 대출하기		
9	수업 성찰하기	수업 성찰하기	자기 평가	

9. 평가 계획

가. 성취기준 및 평가기준

성취기준	평가기준	
[6국05-04] 일상생활의 경험을 이야기나 극의 형식으로 표현한다.	상	일상적 경험에서 가치를 발견해 이야기나 극의 형식으로 구조화해 창의적으로 표현할 수 있다.
	중	일상생활에서 기억에 남는 경험을 이야기나 극의 형식에 담아 표현할 수 있다.
	하	일상생활의 경험을 간단한 이야기나 극의 형식으로 표현할 수 있다.

나. 채점기준표

수준 평가요소	매우 잘함	잘함	향상 필요
이야기의 3요소	이야기의 3요소를 모두 표현했다.	이야기의 3요소 중 2가지만 표현했다.	이야기의 3요소 중 1가지 이하로 표현했다.
	☐ ① 인물　☐ ② 사건　☐ ③ 배경		
이야기의 형식	이야기의 4단계를 모두 사용해서 썼다.	이야기의 2~3개 단계를 사용해 썼다.	이야기의 1개 단계 이하를 사용해 썼다.
	☐ ① 이야기를 시작하고 배경과 인물을 설명하는 단계 ☐ ② 사건이 일어나기 시작하는 단계 ☐ ③ 등장인물의 갈등이 꼭대기에 이르는 단계 ☐ ④ 사건을 마무리하는 단계		
표현하기(내용) – 일상적 경험의 가치 표현 – 주제 표현 및 공감 – 창의성	자신이 겪은 일에서 발견한 가치를 이야기로 썼으며, 주제가 명확하게 드러났고, 이야기에 공감이 가서 재미있게 읽힘 * 주제: 친구와 사이좋게 지내자, 사랑하는 내 동생 등	일상적 경험 표현, 이야기 주제, 공감과 재미 중 2가지 요소가 나타나 있다.	일상적 경험 표현, 이야기 주제, 공감과 재미 중 1가지 이하의 요소가 나타나 있다.

표현하기(내용)	☐ ① 일상적 경험에서 발견한 가치 표현
– 일상적 경험의 가치 표현 – 주제 표현 및 공감 – 창의성	(☐ 즐거웠던 일, ☐ 감동받았던 일, ☐ 슬펐던 일, ☐ 속상했던 일, ☐ 부끄러웠던 일, ☐ 후회스러운 일, 기타:) ☐ ② 이야기의 주제가 명확하게 드러남 ☐ ③ 이야기에 공감이 가서 재미있게 읽힘

교육과정매핑이 마음에 드나요? 위에서 소개한 교육과정매핑과 수행평가 가정통지표는 제가 개발한 양식입니다. 이 두 양식을 제가 개발했다고 말하는 이유는 자기 자랑이 아니라 이런 식으로 교사가 사용하는 양식을 스스로 개발할 필요가 있다는 점을 강조하기 위해서입니다. 연수에 가면 종종 "선생님, 양식 좀 주실 수 있으세요?"라는 질문을 받습니다. 네, 물론 드릴 수 있습니다. 그러나 다른 사람이 개발한 양식을 사용해 본 적이 있다면 알다시피 나한테 딱 맞는 건 아니라는 걸 느끼게 되니까요. 물론 참고는 할 수 있을 겁니다.

따라서 사용할 양식은 직접 개발하는 것이 가장 좋습니다. 아무리 허접하더라도 내 수업과 평가에는 내가 직접 개발한 양식이 가장 적합할 테니까요. 물론, 위 양식을 사용하지 말라는 건 아니니 편안하게 사용하면 됩니다.

12

<실제수업사례>
채점기준표로 보는
교수평기 일체화와 과정중심평가

지금까지 채점기준표를 개발해 보았는데요. 여기서부터는 채점기준표를 활용한 수업의 전 과정을 알아보도록 하겠습니다. 앞에서 채점기준표를 여행일정표에 비유하면서 채점기준표 사용법 맛을 살짝 보았었죠. 여행일정표가 여행의 시작부터 마지막까지 전 과정에서 사용되는 것처럼 채점기준표도 수업 시작부터 평가에 이르기까지 수업과 평가 전반에 걸쳐 사용되고 있습니다.

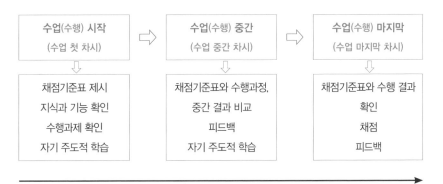

수업(수행) 시작	수업(수행) 중간	수업(수행) 마지막
(수업 첫 차시)	(수업 중간 차시)	(수업 마지막 차시)
채점기준표 제시 지식과 기능 확인 수행과제 확인 자기 주도적 학습	채점기준표와 수행과정, 중간 결과 비교 피드백 자기 주도적 학습	채점기준표와 수행 결과 확인 채점 피드백

(프로젝트) 수업 전 과정에 사용

채점기준표를 이용하여 과정중심평가, 교수평기 일체화를 위한 수업이 기존 수업과 가장 크게 다른 것을 꼽자면 학습 결과물과 그에 따른 채점기준표를 가장 먼저 제시한다는 점입니다. 지금까지 진행되어 온 일반적인 수업 모습은 다음과 같습니다. 1~2차시에는 소설에 대해 이해하고, 3~4차시에는 소설을 읽으면서 앞에서 배운 지식을 확인합니다. 5~6차시에는 소설 쓰는 기능을 익히고, 7~8차시에는 소설을 쓰고, 9~10차시에는 소설을 발표하는 식으로 수업이 진행되죠.

그러나 채점기준표를 활용한 기준(준거)참조평가에서는 수업의 진행 방식이 기존 방식과 조금 다릅니다. 기존에는 지식에 대해 알아보는 것이 첫 차시였다면, 채점기준표를 활용한 기준참조평가에서는 수행과제와 결과물, 채점기준표를 제일 먼저 제시합니다. 그러니까 수업 중간에 하던 결과물 제시를 수업 첫 시간으로 당겨오는 거죠. 이렇게 학습 결과물과 채점기준표를 앞으로 당겨서 제시하는 것은 기준참조평가의 특징인 기준을 먼저 제시하기 위해서입니다.

학습 결과물과 채점기준표를 앞으로 당겨오는 걸 제외하면 나머지는 기존의 교과서 수업과 별반 다르지 않습니다. 학생들에게 소설을 쓰라고 할 때 다시 한번 채점기준표를 제시하는 단계가 추가될 뿐입니다.

그럼, 실제 수업 장면을 보면서 채점기준표가 어떻게 사용되는지 확인해 보겠습니다. 이번 수업 사례도 앞에서 작성한 교육과정매핑을 바탕으로 진행합니다.

수행과제: 소설 쓰기

수업 대상 학년은 5학년이고, 수업 차시는 총 10차시입니다. 더 자세한 내용은 앞의 교육과정매핑을 참고하세요. 이 수업 역시 프로젝트 수업으로 진행되었습니다.

수업(수행) 시작(1~2차시): 채점기준표 제시, 지식과 기능 확인, 수행과제 확인
프로젝트 수업 단계: 도입활동 & 탐구질문

프로젝트 수업 1단계는 도입활동 & 탐구질문으로, 학생들과 프로젝트 수업의 수행과제와 결과물, 평가 등을 공유합니다. 이 단계는 기존 수업에는 없던 내용입니다. 기준참조교육을 위해 중간 단계의 것을 앞으로 당겨왔습니다.

<교육과정매핑 제시>

수업이 시작되면 학생들에게 앞에서 개발한 교육과정매핑을 나눠줍니다. 학생들은 교육과정매핑을 보면서 어떤 수업을 어떻게 하는지 살펴볼 수 있습니다.

교사: "여러분, 교육과정매핑을 다 받았나요? 교육과정매핑을 살펴보면서 수업과 평가를 어떻게 해야 하는지 알아보도록 하겠습니다."

<수행과제 제시>

교사: "이번에 할 프로젝트는 일상을 소설로 써보는 겁니다. 우리가 해야 할 것은 우리 일상을 소설로 써서 우리 학교 학생들이 읽을 수 있도록 소설집을 만드는 거예요."

교사: "여러분의 수행과제는 소설 쓰기이고, 이것으로 수행평가를 볼 것입니다."

<학습 결과물 제시>

개인	일상생활을 소설로 쓰기	수행평가

<채점기준표 제시>

학생들에게 수행평가를 본다고 말한 후에는 채점기준표를 제시해야 합니다. 앞에서 기준(준거)참조평가를 설명할 때 기준을 공유하는 것이 가장 중요하다고 했었죠? 첫 차시에 기준을 제시하고, 학생들과 기준을 공유하는 것입니다.

교사: "여러분이 쓰는 소설은 다음과 같은 채점기준표에 맞춰 써야 합니다. 한번 읽어볼까요?"

〈채점기준표로 배울 내용 확인: 앞 장의 교육과정매핑 채점기준표 참조〉

교사와 학생은 채점기준표를 보고 수업과 평가에 대해 서로 이야기할 수 있습니다. 이렇게 채점기준표를 제시하면 학생들은 무엇을 알아야 하고(배우고), 무엇을 해야 하는지, 또 어떻게 하면 좋은 점수를 받을 수 있는지(어느 수준까지 해야 하는지)를 구체적으로 확인할 수 있습니다. 마치 여행일정표를 보면서 여행을 계획하듯이, 채점기준표로 수업을 계획하고 프로젝트 일정을 확인합니다.

교사: "여러분, 우리가 소설을 쓰기 위해서는 무엇을 알아야 하나요?"

교사: "여러분이 쓴 소설에 반드시 있어야 할 3요소는 무엇인가요?"

교사: "주제는 어디에서 찾아야 할까요?"

학생: "선생님, 주제 정하기가 어려워요."

교사: "좋은 점수를 받으려면 소설을 어떻게 써야 할까요?"

수업(수행) 중간(3~6차시): 채점기준표와 수행과정, 중간 결과 비교, 피드백
프로젝트 수업 단계: 지식과 기능 쌓기

프로젝트 수업 2단계는 지식과 기능 쌓기입니다. 지식과 기능 쌓기 시간에는 소설의 3요소와 소설의 흐름 등을 배웁니다. 이 부분은 기존 수업과 마찬가지로 진행됩니다.

수업(수행) 중간(7~8차시): 채점기준표와 수행과정, 중간 결과 비교, 피드백
프로젝트 수업 단계: 결과물 개발하고 수정하기 1

프로젝트 수업 3단계는 결과물 개발하고 수정하기입니다. 이 단계에서 교사는 다시 수행과제와 결과물을 제시합니다.

〈수행과제와 학습 결과물 제시〉

교사: "지금까지 소설에 대해 알아보았다면, 지금부터는 그것을 활용해서 소설을 쓸 겁니다. 그리고 첫 차시에 안내한 것처럼 여러분이 쓴 소설로 수행평가를 합니다."

학생들에게 수행평가를 본다고 말한 후에는 채점기준표를 다시 알려줍니다.

교사: "첫 차시에 나누어 주었던 채점기준표를 펴세요. 소설을 어떻게 써야 하는지 채점기준표를 보고 확인해 주세요."

〈채점기준표와 자신의 수행과제 수행 정도를 비교〉

채점기준표에는 구체적인 평가요소가 나와 있습니다. 학생들은 소설을 쓰는 중간중간 자기가 하고 있는 과제와 채점기준표에서 요구하는 수행 수준을 비교할 것입니다. 이런 식의 자기평가를 통해 자기 주도적 학습을 유도할 수 있습니다.

〈수업 중 피드백 주기〉

사실 피드백은 쉬운 일이 아닙니다. 특히 소설처럼 긴 글에 대한 피드백은 더욱 난감하지요. 학생에게 뭔가 조언을 주려면 학생이 쓴 글을 다 읽어봐야 하고, 부족한 점을 찾아내야 하지요. 분석적 채점기준표를 사용하면 이런 어려움을 어느 정도 해소할 수 있습니다. 가령 어떤 학생이 "선생님, 이렇게 쓰는 것 맞아요?"라고 물어본다면 교사는 다음과 같은 질문으로 피드백을 대신할 수 있습니다.

> **교사:** "지금 소설의 무슨 단계를 쓰고 있니?"
> **교사:** "다음 단계는 무엇을 써야 하니?"
> **교사:** "네 소설의 배경은 어디에 나와 있니?"
> **교사:** "채점기준표를 읽어보고, 부족한 점이 무엇인지 찾아볼래?"

분석적 채점기준표는 수행과제의 수행 정도와 수준을 구체적으로 제시하기 때문에 교사는 분석적 채점기준표에 따라 피드백을 줄 수 있습니다. 사실 학생에게 피드백할 때는 무엇을 참조할지 기준을 명확히 정해야 하는데, 분석적 채점기준표가 바로 그 기준이 되는 것입니다.

수업(수행) 마지막(8~9차시): 채점기준표와 수행 결과 확인, 채점, 피드백
프로젝트 수업 단계: 결과물 개발하고 수정하기 2

> **학생:** "선생님, 저 다했어요."
> **학생:** "선생님, 저 잘했지요? 통과?"

교실에서 흔히 볼 수 있는 장면입니다. 학생들이 검사받으러 오면 교사는 학생이 쓴 소설을 일일이 다 읽고, 피드백을 주어야 합니다. 처음에는 의욕적으로 피드백하지만, 결국 앞에 몇 명만 해주다가 포기하게 되곤 하죠. 시간이 부족해서 제대로 해줄 수 없는 것이 현실입니다. 이때 분석적 채점기준표를 이용하면 이 문제를 비교적 쉽게 해결할 수 있습니다.

길게 줄 서서 검사받으러 오면, 검사받기 전에 먼저 채점기준표와 자신이 쓴 소설을 비교해 보라고 말해주세요. 그다음엔 채점기준표에 부합되는 부분을 확인하라고 합니다. 그러면 긴 줄은 줄어들고, 학생이 체크해 온 결과를 천천히 보면 됩니다. 처음부터 계속 채점기준표와 자기 소설을 비교하면서 작성했다면 수정할 내용이 많지는 않을 겁니다.

팁을 주자면, 소설처럼 긴 글을 쓸 때는 반드시 컴퓨터를 이용하라고 하는 게 좋습니다. 종이에 글을 쓰면 피드백을 줘도 고쳐 쓰기가 어려우니까요. 컴퓨터로 써야 자유롭게 수정할 수 있습니다. 종이에 쓴 소설을 지우고 다시 쓰라고 하면 아마 학생들의 비명이 교실에 가득 찰 거예요.

소설집 제작을 위한 교정 과정

수업(수행) 후(10차시): 채점 및 성적 통지
프로젝트 수업 단계: 결과물 발표하기 1

학생들이 수행과제를 최종적으로 마치면 분석적 채점기준표에 따라 채점합니다. 학생들은 채점기준표를 보고 자신의 부족한 점을 찾을 수 있습니다. 또 채점이 잘못되었으면 채점기준표를 가지고 와서 잘못되었다고 말할 것입니다. 그러면 교사 역시 채점기준표를 근거로 학생의 이의제기에 답하면 됩니다. 이처럼 채점기준표는 평가에 대해 교사와 학생이 서로 이야기할 수 있는 근거가 되기도 합니다.

채점기준표에 따라 채점하면 학생은 자기 점검을 통해 스스로 학습을 돕고, 자기평가를 통해 비판적 사고력을 높일 수 있습니다. 교사도 채점기준표를 사용함으로써 채점의 일관성, 타당성, 공정성을 높일 수 있습니다. 그래서 교수평기 일체화나 과정중심평가를 원한다면 채점기준표 개발이 무엇보다도 중요하다고 말하는 것입니다. 여러 번 강조했지만, 채점기준표가 없으면 기준(준거)참조평가에서는 채점을 할 수 없습니다. 기준(준거)참조평가에서 의미 있는 수행평가, 과정중심평가 등을 하려면 채점기준표 개발은 필수요소이자 핵심이니까요.

수업(수행) 후: 결과물 전시하기
프로젝트 수업 단계: 결과물 발표하기 2

학생들이 쓴 소설을 모아《시끌벅적 와글와글》이라는 책을 만들었습니다.

학생들이 쓴 〈시끌벅적 와글와글〉 표지

학생들이 쓴 소설은 도서관에 정식으로 등록했습니다. 또, 도서관 '이달의 작가' 코너에 5학년 학생들의 소설집이 선정되어 한 달 동안 전시되었습니다. 이렇게 정식 등록된 소설집은 한동안 우리 학교 도서관에서 베스트셀러가 되기도 했습니다. 그리고 최종적으로 학생이 쓴 소설과 함께 채점기준표를 학부모에게 통지했습니다.

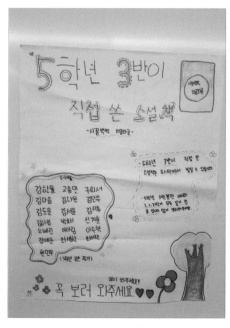

도서 전시회 개최

도서관 이달의 작가로 선정된 학생 소설집

4부

세상에서 가장 쉬운
수행평가의 ABC

A+

1 수행평가란 무엇인가요?

1부에서 수업과 평가의 변화를 다뤘습니다. 수업의 변화, 즉 수직적인 수업에서 수평적인 수업으로, 명사(지식) 중심의 수업에서 동사(기능) 중심의 수업으로 바뀌었다는 것을 알아보았습니다. 평가 역시 규준참조평가에서 기준(준거)참조평가로, 결과 중심의 평가에서 과정 중심의 평가로 변화했다는 것도 알아보았죠. 그럼 이런 수업과 평가의 변화를 반영한 평가 방법이 있지 않을까요? 그것이 바로 수행평가입니다. 그래서 이번에는 수행평가를 다룹니다.

키워드로 알아보는 수행평가

『수행평가와 채점기준표 개발』(김선 외)에서는 수행평가를 다음과 같이 설명하고 있습니다. 키워드 하나하나를 자세히 알아보겠습니다.

"지식과 기능의 학습 여부를 나타내는 구체적 상황에서 학생의 실제적인 과정과 결과(산출물)를 평가하는 것"

키워드 1. 지식과 기능의 학습 여부

첫 번째 키워드는 '지식과 기능의 학습 여부'입니다. 여기서 '지식과 기능'이라는 말이 먼저 눈에 들어오는데요. 지식과 기능? 어디서 많이 들어본 것 같지 않나요? 맞습니다. 바로 성취기준에서 나왔던 말입니다. 따라서 '지식과 기능의 학습 여부'라고 하면 성취기준의 학습 여부를 가리킵니다. 위의 정의에 따르면 수행평가는 성취기준의 학습 여부를 평가하는 것이라는 점을 알 수 있습니다. 수행평가는 성취기준이라는 '기준'의 학습 여부를 평가하기 때문에 '기준'을 참조해서 평가하는 기준(준거)참조평가의 특징을 가지고 있습니다. 그래서 수행평가는 절대평가이고, 수행의 정도를 기술합니다. 자세한 기준(준거)참조평가의 특징은 1부에서 설명했으니 참고하세요.

키워드 2. 구체적인 상황

두 번째 키워드는 '구체적 상황'입니다. 여기서 먼저 '구체적인 상황'이라는 것이 어떤 상황인지를 생각해 볼 필요가 있습니다. 국어사전에 따르면 구체적인 상황이라는 것은 직접 경험하거나 실제적이고 세밀한 것을 말합니다. 즉, 학생이 실제 상황에서 직접 수행하는 것을 의미합니다. 결국 구체적인 상황이라는 것은 실제로 뭔가를 수행하는 것을 뜻하고, 우리는 그것을 '수행과제'라고 부릅니다. 따라서 수행평가는 수행과제가 주어지는 평가라고 할 수 있습니다. 그러므로 수행평가를 위해서는 성취기준에서 구체적인 상황인 수행과제를 찾아서 학생들에게 제시해야 합니다.

| 구체적인 상황 | ⇨ | 수행과제 |

키워드 3. 학생의 실제적인 과정과 결과

세 번째 키워드는 '학생의 실제적인 과정과 결과'입니다. 두 번째 '구체적인 상황'과 같은 맥락인데요. 수행평가는 학생이 수행과제를 실제로 수행해야 하며, 그 과정과 결과를 평가합니다. 따라서 수행평가를 위해서는 수행과제를 실제로 수행하는 게 중요합니다. 이 과제를 수행하는 수업 방법이 바로 프로젝트 계열의 수업이라고 할 수 있습니다. 이를 도식으로 표현하면 다음과 같습니다.

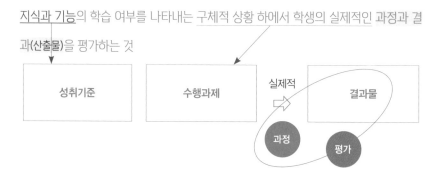

수행평가란?

지식과 기능의 학습 여부를 나타내는 구체적 상황 하에서 학생의 실제적인 과정과 결과(산출물)을 평가하는 것

| 성취기준 | 수행과제 | 결과물 |

실제적 ⇨

과정 평가

앞에서도 알아보았지만, 프로젝트 수업을 하면 수업과 평가가 동시에 이루어집니다. 또 수업 과정과 결과를 평가할 수 있고, 채점(기록)까지 동시에 이루어지죠. 따라서 수행평가를 잘하려면 수업을 과제 수행 중심으로 바꾸어야 합니다. 그래야 수업과 평가가 분리되지 않고 학습이 곧 평가인 교수평기 일체화와 학습으로서의 평가, 학습을 위한 평가가 될 수 있습니다.

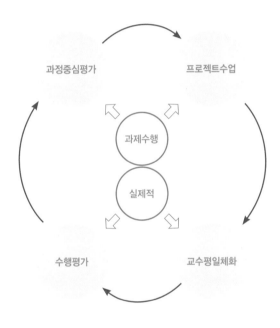

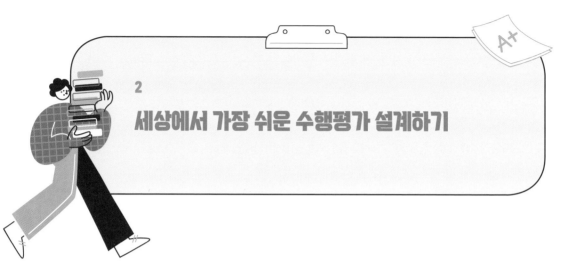

2 세상에서 가장 쉬운 수행평가 설계하기

수행평가 개발은 프로젝트 수업 설계나 채점기준표 개발과 크게 다르지 않습니다. 기본적으로는 성취기준 분석에서 출발하지만, 평가만 가진 고유한 특성이 있어서 이를 반영해 6단계의 개발 절차를 만들어 보았습니다.

수행평가 과제 개발 & 평가 설계

1단계. 성취기준을 분석해서 평가요소를 확인하라

2단계. 동사를 보고, 평가할 사고 수준을 확인하라

3단계. 동사에 맞는 평가 방법을 선택하라

4단계. 수행평가 과제를 개발하라

5단계. 평가기준에서 평가요소와 수행평가 제한사항을 결정하라

6단계. 수행과제가 성취기준에 부합하는지 확인하라

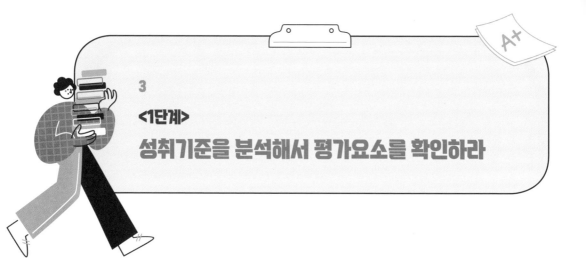

3
<1단계>
성취기준을 분석해서 평가요소를 확인하라

수행평가 설계의 첫 번째 단계는 성취기준을 분석해 평가요소를 확인하는 것입니다. 성취기준 분석은 계속해서 반복적으로 알아보고 있는데요. 수행평가를 위한 성취기준 분석도 기존의 성취기준 분석과 다르지 않습니다. 먼저 성취기준을 지식과 기능으로 나누고, 학습요소를 찾습니다. 다음과 같은 성취기준을 분석해 학습요소를 찾아보았습니다.

(2015) [4국04-03] 기본적인 문장의 짜임을 이해하고 사용한다.

(2022) [4국04-03] 기본적인 문장의 짜임을 이해하고 적절하게 사용한다.

그런데 학습요소와 평가요소는 같죠.

따라서 다음과 같이 나타낼 수 있습니다.

| 문장의 짜임 | ⇨ | 학습요소 | ⇨ | 평가요소 |
| 사용한다 | ⇨ | 학습요소 | ⇨ | 평가요소 |

즉, 위의 성취기준에서 평가해야 하는 것은 '기본적인 문장의 짜임'을 이해한 정도와 이를 '사용하는' 것입니다.

(2015) [4국04-03] 기본적인 문장의 짜임을 이해하고 사용한다.

(2022) [4국04-03] 기본적인 문장의 짜임을 이해하고 적절하게 사용한다.

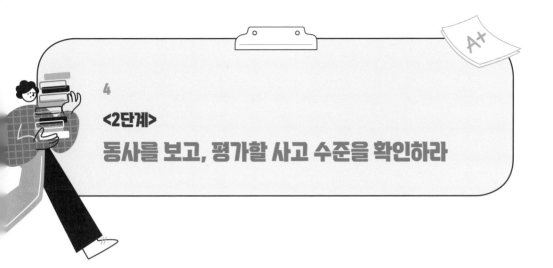

4

<2단계>
동사를 보고, 평가할 사고 수준을 확인하라

1단계에서 무엇을 평가할지 정했다면, 이제는 평가할 내용의 인지적인 사고 수준을 결정할 차례입니다. 인지적 사고 수준은, Bloom 등에 의해 정리된 인지적 사고 수준의 복잡성을 위계화해 지식, 이해, 적용, 분석, 종합, 평가로 분류했습니다. '지식' 단계에서 '평가' 단계로 갈수록 사고 수준이 높고, 복잡합니다.

〈Bloom의 인지 영역 교육목표 분류〉

복잡성		사고 수준
낮음 ↓ 높음	지식	구체적 사실, 사건, 인물, 날짜, 방법, 절차, 개념, 원칙과 이론 등 학습했던 것의 재생과 기억
	이해	의미를 이해하고, 파악, 상징체계 전환(예: 퍼센트를 분수로), 해석, 설명, 예측, 추론, 재진술, 추정, 일반화, 이해를 증명하기 위해 사용하는 능력
	적용	추상적 개념, 규칙, 일반화된 방법을 새롭고 구체적인 상황에 활용하는 능력
	분석	구성 부분이나 요소로 분해하고 다른 요소들 간의 관계를 이해하는 능력
	종합	요소들과 부분들을 새로운 형태와 구조로 배열하고 결합하는 능력
	평가	설정된 준거에 따라 대상의 특질, 가치를 판단하는 능력(예: 결론을 지지하는 증거의 적절성을 결정하는 능력)

출처: 『교실평가의 원리와 실제』, James H. McMillan

이런 인지적 사고 수준은 동사에 따라 결정됩니다. 예를 들어보겠습니다.

감각적 표현의 정의를 **암기하라**.

감각적 표현을 **설명하라**.

감각적 표현을 활용해 시를 **써라**.

감각적 표현이 시에 주는 영향을 **평가하라**.

위의 예에서 볼 수 있듯이 같은 '감각적 표현'이라도 '동사'에 따라 인지적 사고 수준이 달라집니다. Bloom은 동사에 따른 사고 수준의 예를 다음과 같이 제시하고 있습니다.

수준	동사의 예
지식	확인하다, 설명하다, 암기하다, 인지하다, 찾아내다, 인용하다, 진술하다, 분류하다
이해	설명하다, 전환하다, 해석하다, 요약하다, 다른 말로 바꾸어 표현하다, 재배열하다
적용	변화시키다, 증명하다, 수정하다, 산출하다, 풀다, 구성하다, 적용하다, 활용하다, 보여주다
분석	구별하다, 비교하다, 분해하다, 도식화하다, 분별하다, 관련시키다, 분류하다, 범주화하다
종합	생성하다, 결합하다, 구성하다, 집합시키다, 형성하다, 예측하다, 계획하다, 전망하다, 통합하다
평가	정당화하다, 비평하다, 결정하다, 판단하다, 평가하다, 확인하다, 주장하다, 결론을 내리다, 지지하다, 옹호하다, 증명하다

출처: 『교실평가의 원리와 실제』, James H. McMillan

위의 표를 적용해서 동사에 따른 인지적 사고 수준을 확인하면 다음과 같습니다.

감각적 표현의 정의를 암기하라.   감각적 표현을 활용해 시를 써라.

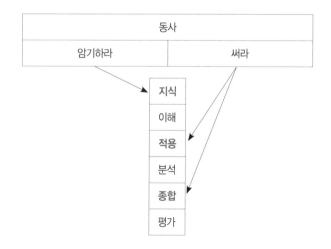

위의 예에서 '암기하다'를 인지적 사고 수준에 대입해 보면 '지식' 단계에 해당합니다. 또한 '써라'는 '적용'이나 '종합'에 대입되죠. 이런 식으로 성취기준의 인지적 사고 수준을 확인하기 위해서는 성취기준에서 '동사'를 찾고, 해당 동사가 어느 단계에 해당하는지를 찾아야 합니다. 앞에서 성취기준이나 평가기준을 분석하면서 '동사'의 중요성을 강조했는데요. 평가에서도 동사는 정말 아무리 강조해도 과하지 않을 정도로 중요합니다. 그럼, 실제 성취기준으로 인지적 사고 수준을 알아보도록 하겠습니다. 다음과 같은 성취기준이 있습니다.

(2022) [4국05-04] 감각적 표현에 유의해 작품을 감상하고, 감각적 표현을 활용해 자신의 생각이나 감정을 표현한다.

이 성취기준의 동사는 '표현한다'입니다. 따라서 '표현한다'라는 동사가 인지적 사고 수준의 어디에 해당하는지를 찾으면 됩니다.

2022 개정 교육과정

[4국05-04] 감각적 표현에 유의해 작품을 감상하고,

감각적 표현을 활용해 자신의 생각이나 감정을 표현한다.

수준	동사의 예
지식	확인하다, 설명하다, 암기하다, 인지하다, 찾아내다, 인용하다, 진술하다, 분류하다
이해	설명하다, 전환하다, 해석하다, 요약하다, 다른 말로 바꾸어 표현하다, 재배열하다
적용	변화시키다, 증명하다, 수정하다, 산출하다, 풀다, 구성하다, 적용하다, 활용하다, 보여주다

분석	구별하다, 비교하다, 분해하다, 도식화하다, 분별하다, 관련시키다, 분류하다, 범주화하다
종합	생성하다, 결합하다, 구성하다, 집합시키다, 형성하다, 예측하다, 계획하다, 전망하다, 통합하다
평가	정당화하다, 비평하다, 결정하다, 판단하다, 평가하다, 확인하다, 주장하다, 결론을 내리다, 지지하다, 옹호하다, 증명하다

2022 개정 교육과정

[4국05-04] 감각적 표현에 유의해 작품을 감상하고,

감각적 표현을 활용해 자신의 생각이나 감정을 표현한다.

이때 주의해야 할 점은 Bloom이 제시한 동사를 그대로 대입하는 것이 아니라, 교사가 동사를 해석해서 적용하는 것입니다. 예를 들어 '감각적 표현을 활용해 자신의 생각이나 감정을 표현한다'에서 동사 '표현한다'를 시를 쓰는 '종합' 수준으로 적용할 수도 있고, 감각적 표현을 활용해서 시를 써보는 것이기 때문에 사고 수준을 '적용'으로 해석할 수도 있습니다.

(2022) [6국04-01] 음성 언어 및 문자 언어의 특성을 이해하고 다양한 매체 자료에서 표현 효과를 평가한다.

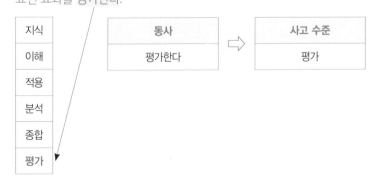

학년 초 수행평가 계획을 할 때 동학년 교사들이 모여 평가할 성취기준을 모두 모아 놓고, 인지적 사고 수준에 따라 분류해 놓으면 평가 계획을 조금 더 쉽게 작성할 수 있습니다. 다음 성취기준은 2022 개정 교육과정의 국어과 문법영역의 성취기준을 모두 분석한 결과입니다. 보다시피 성취기준 동사는 해석의 영역입니다. 많은 사람이 모여서 해석하면 더 좋은 해석이 나올 수 있겠지요. 따라서 동학년에서 동료교사와 함께 동사의 사고 수준을 결정한다면, 수행평가 설계를 더 수월하게 할 수 있을 것입니다.

〈2022 개정 교육과정 국어 문법영역 동사 사고 수준 분석표〉

[6국04-02] 표준어와 방언의 기능을 파악하고 언어 공동체와 국어생활과의 관계를 이해한다.

→ 기능을 파악하고 이해하는 것이기 때문에 사고 수준은 '이해'

[6국04-03] 고유어와 관용 표현의 쓰임과 가치를 이해하고 상황에 맞게 표현한다.

→ 이해하고 상황에 맞게 표현하는 것이기 때문에 사고 수준은 '적용'

[6국04-04] 문장 성분을 이해하고 호응 관계가 올바른 문장을 구성한다.

→ 문장 성분을 이해하고 이를 구성해 보는 것이기 때문에 '적용'

[6국04-05] 글과 담화에 쓰인 시간 표현을 이해하고 상황에 맞게 표현한다.

→ 시간 표현을 이해하고 이를 적용해 보는 것이기 때문에 '적용'

[6국04-06] 글과 담화에 쓰인 단어 및 문장, 띄어쓰기를 민감하게 살펴 바르게 고치는 **태도를 지닌다.**

→ 판단해서 옳다고 생각하는 것을 실천하는 것이기 때문에 '평가'

성취기준	동사		사고 수준
[6국04-01]	평가한다		평가
[6국04-02]	이해한다		이해
[6국04-03]	표현한다	⇨	적용
[6국04-04]	구성한다		적용
[6국04-05]	표현한다		적용
[6국04-06]	태도를 지닌다		평가

5

<3단계>
동사에 맞는 평가 방법을 선택하라

2단계에서 성취기준의 동사를 보고 사고 수준을 결정했다면, 3단계에서는 이렇게 결정된 사고 수준에 따른 평가 방법을 선택하는 단계입니다. 수행평가 방법은 동사의 수준에 따라 결정되는데요. 3단계는 2단계와 연동되는 단계로 2단계에서 찾은 동사의 사고 수준에 맞는 평가 방법을 찾아 일대일로 매칭시키는 단계입니다.

| 동사의 사고 수준 | ⇨ | 평가 방법 매칭 |

평가의 종류

동사의 사고 수준에 따라 일대일로 매칭하려면 먼저 평가의 종류에 관한 이해가 필요합니다. 『평가란 무엇인가?』(강대일, 정창규)에서는 평가의 종류를 다음과 같이 소개하고 있습니다.

　평가는 크게 지필평가와 수행평가로 나뉩니다. 지필평가는 다시 서답형과 선택형으로 나뉘고, 선택형에는 선다형·연결형·진위형이, 서답형에는 완성형(괄호형)·서술형·논술형이 있습니다. 수행평가는 프로젝트법부터 실제 상황에서의 평가까지로 나눌 수 있습니다.

　이때 지필평가의 서술형과 논술형은 형태가 지필평가이긴 해도, 구체적인 상황을 평가하기 때문에 수행평가 영역에 넣습니다. 따라서 실질적인 수행평가는 서술형 평가부터 실제 상황에서의 평가까지라고 할 수 있습니다. 구체적인 수행평가 방법은 다음 장에서 설명합니다.

〈평가의 종류〉

유형		평가 방법	비고
수행평가		실제 상황에서의 평가	수행평가
		실기형, 실험실습, 관찰법	
		면접법, 구두시험, 토의토론	
		보고서법	
		포트폴리오	
		프로젝트법	
지필평가	서답형	논술형	
		서술형	
		완성형(괄호형)	수행평가에 포함시키지 않음
	선택형	선다형	
		연결형(줄긋기형)	
		진위형(O, X형)	

동사에 따라 평가 방법 매칭하기

일반적으로 동사의 사고 수준이 낮은 '지식'과 '이해'는 지필평가로, 사고 수준이 높은 적용, 분석, 종합, 평가는 수행평가로 분류합니다. '적용'은 때에 따라 지필평가나 수행평가로 분류하기도 하는데, 제 경험으로 볼 때 대부분 수행평가로 분류되는 것 같아서 수행평가로 분류했습니다. 사고 수준이 낮은 동사는 대부분 '설명하다'나 '이해하다' 같은 비수행형 동사고, 사고 수준이 높은 동사는 '표현한다', '평가한다' 같은 수행형 동사로 나타납니다.

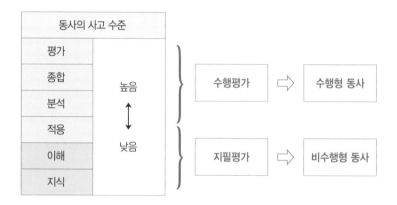

실제 성취기준을 통해서 알아볼까요.

(2022) [4수03-02] 각과 직각을 이해하고, 직각과 비교하는 활동을 통해 예각과 둔각을 구별할 수 있다.

평가방법을 결정할 때는 먼저 동사에 따라 수행평가인지 지필평가인지를 결정합니다. 이 성취기준의 동사는 '이해하다'와 '구별할 수 있다'네요. 예각과 둔각을 구별하는 것은 높은 수준의 사고를 요하는 것이 아니라 단순히 구분하는 것이기 때문에 사고 수준은 '이해' 정도에 해당하고, 비수행형 동사입니다. 따라서 이 성취기준의 평가방법은 '지필평가'로 분류했습니다.

(2022) [4수03-02] 각과 직각을 이해하고, 직각과 비교하는 활동을 통해 예각과 둔각을 구별할 수 있다.	유형		평가 방법	비고
	수행평가		실제 상황에서의 평가	수행평가
			실기형, 실험실습, 관찰법	
			면접법, 구두시험, 토의토론	
			보고서법	
			포트폴리오	
			프로젝트법	
	지필평가	서답형	논술형	수행평가 아님
			서술형	
		선택형	완성형(괄호형)	
			선다형	
			연결형(줄긋기형)	
			진위형(O, X형)	

지필평가로 분류한 다음에는 지필평가 중 구체적으로 어떤 평가 방법을 선택할지 결정해야 합니다. 성취기준의 예각과 둔각을 구별하는 정도는 지필평가 중 선다형으로 충분히 확인할 수 있을 것 같아서 지필평가(선다형)로 결정했습니다.

동사		사고 수준		평가 방법
구분할 수 있다	⇨	이해	⇨	지필평가(선다형)

이번에는 다른 성취기준으로 동사에 따른 평가 방법을 선택해 보겠습니다. 이 성취기준의 동사는 '글을 쓴다'입니다. 글을 쓰는 것은 새로운 것을 만들어 내는 것으로 사고 수준은 '종합'이고, 수행형 동사입니다. 따라서 수행평가로 분류했습니다.

(2022) [4국03-04] 목적과 주제를 고려해 독자에게 마음을 전하는 글을 쓴다.

(2022) [4국03-04] 목적과 주제를 고려해 독자에게 마음을 전하는 글을 쓴다.	유형		평가 방법	비고
	수행평가		실제 상황에서의 평가	수행평가
			실기형, 실험실습, 관찰법	
			면접법, 구두시험, 토의토론	
			보고서법	
			포트폴리오	
			프로젝트법	
	지필평가	서답형	논술형	수행평가 아님
			서술형	
		선택형	완성형(괄호형)	
			선다형	
			연결형(줄긋기형)	
			진위형(O, X형)	

수행평가로 분류한 다음에는 수행평가 중 구체적으로 어떤 평가 방법을 선택할지 결정해야 합니다. 이 성취기준은 글을 직접 쓰는 프로젝트 수업으로 진행하고, 그 결과물로 평가할 것이라서 구체적인 평가 방법은 '프로젝트법'으로 결정했습니다.

이런 식으로 앞에서 분석한 '2022 개정 교육과정 국어 문법영역'을 동사에 따른 사고 수준과 평가 방법을 매칭시키면 다음과 같습니다. 지면 관계상 성취기준의 동사만 기술했습니다. 자세한 성취기준은 4부를 참고하세요. 이 역시 학년 초에 동학년에서 성취기준을 분석하고 평가 방법을 분류해 놓으면 평가계획을 더 쉽고 빠르게 수립할 수 있습니다.

성취기준	동사		사고 수준		평가 방법
[6국04-01]	평가한다		평가		수행평가(보고서)
[6국04-02]	이해한다		이해		수행평가(서술형)
[6국04-03]	표현한다	⇨	적용	⇨	수행평가(프로젝트법)
[6국04-04]	구성한다		적용		수행평가(실기형)
[6국04-05]	표현한다		적용		수행평가(실기형)
[6국04-06]	태도를 지닌다		평가		수행평가(프로젝트법)

"지필평가를 봐도 되나요?"

앞에서 동사에 따른 평가 방법을 분류하면서 '지식'과 '이해'는 지필평가로 분류했습니다. 그런데 이렇게 지필평가로 분류해 놓으면 많은 선생님이 지필평가를 해도 되는지 궁금해합니다. 그동안 지필평가가 성적 위주의 평가로 많은 비판을 받은 것은 사실입니다. 그러나 모든 평가는 장단점이 뚜렷합니다. 하나의 평가 방법으로 모든 영역을 다 평가할 수는 없지요. 따라서 가장 좋은 평가 방법은 가장 적합한 평가 방법을 선택하는 일입니다.

지필평가가 필요하면 지필평가를 해야 하고, 수행평가가 적당하면 수행평가를 하는 거죠. 간혹 교육청에서 평가를 혁신하기 위해 모든 과목을 수행평가로 하라거나, 서·논술형으로 하라는 식의 지침을 내리기도 합니다. 그러나 이러한 일률적인 지침은 평가의 다양성과 장단점을 도외시한 것이라고 할 수 있습니다.

또 성취기준을 살펴보면 과목마다 사용하는 동사의 사고 수준이 다르다는 것을 알 수 있습니다. 초등 수학의 경우에는 '지식'과 '이해'에 해당하는 동사가 많습니다. 과목 특성상 학생들이 알아야 할 내용이 많기 때문입니다. 이 경우에는 지필평가가 더 적당할 것입니다.

그러나 여기서 치르는 지필평가는 성적을 매기는 지필평가가 아니라 '성취기준 도달 정도'를 확인하는 평가입니다. 따라서 비록 지필평가지만 기준(준거)참조평가에 해당합니다. 모든 학생이 기준에 통과하면 되는 절대평가입니다. 위에서 예를 든 수학 예각과 둔각을 구별하는 것은 지필평가가 가장 적당합니다. 이것을 굳이 수행평가로 할 필요는 없겠지요. 지필평가만으로도 충분히 성취기준의 도달 정도를 확인할 수 있습니다.

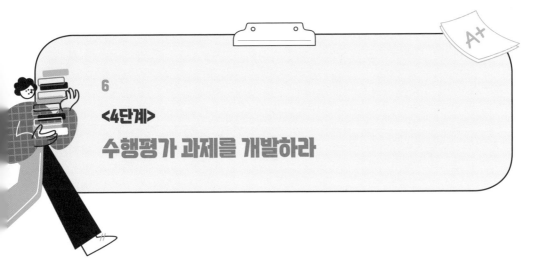

6

<4단계>
수행평가 과제를 개발하라

수행평가는 수행과제를 실제로 수행하는 평가입니다. 따라서 수행평가를 위해서 학생이 수행해야 할 과제를 개발해야 합니다. 지필평가에서 시험 문항을 개발해야 하는 것처럼 수행평가도 수행과제를 개발해야 하는 거죠.

수행과제 개발 역시 성취기준 분석에서 시작합니다. 2부에서 알아본 성취기준 분석법 중 세 번째 '성취기준에서 동사를 찾고 그 의미를 해석하라', 네 번째 '동사를 해석해서 수행과제를 결정하라'가 수행과제를 결정하는 단계입니다. 성취기준 분석에서도 알아본 것처럼 수행과제는 성취기준의 '동사'에 따라 결정됩니다. 성취기준의 동사가 어떤 수행형 동사인지를 파악하고, 거기에 맞는 수행과제를 결정하는 것입니다.

| 수행과제 | ⇨ | 성취기준의 동사 |

구체적인 성취기준으로 수행과제를 결정해 보겠습니다. 다음과 같은 성취기준이 있습니다.

(2015) [6국03-03] 목적이나 대상에 따라 알맞은 형식과 자료를 사용해 설명하는 글을 쓴다.

(2022) [6국03-01] 알맞은 내용을 선정해 대상의 특성이 나타나게 설명하는 글을 쓴다.

위의 성취기준 동사는 '설명하는 글을 쓴다'입니다. 따라서 수행과제는 '설명하는 글쓰기'가 됩니다. 이렇게 결정된 수행과제 결과물은 수행평가 대상이 되죠. 따라서 수행과제가 결정되면 결과물도 함께 결정됩니다.

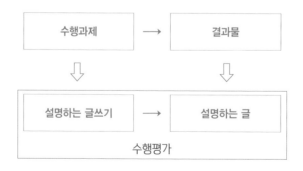

동사의 연쇄 반응

성취기준을 분석하거나 평가를 설계할 때 항상 등장하는 말이 바로 '동사'입니다. 교육과정이나 평가에서 '동사'는 굉장히 중요한 위치를 차지하고 있습니다. 동사에 따라 수업이나 평가의 방향이 바뀌기 때문입니다. 동사를 어떻게 해석하느냐에 따라 수업과 평가가 결정된다고 해도 과언이 아닙니다. 그래서 이것을 '성취기준 동사의 연쇄 반응'이라고 말하고 싶습니다.

따라서 수업과 평가를 설계할 때 동사를 유의해서 살펴야 합니다. 동사를 잘 다루는 교사가 수업과 평가를 잘 설계할 수 있습니다. 어떻게 보면 교육과정 수업 평가는 모두 '동사 놀음'이라고 해도 과언이 아니죠. 동사를 잘 다루는 사람이 교육과정을 잘 다루는 사람이라고 생각합니다.

동사의 연쇄 반응

성취기준에 맞는 결과물을 만드는 과정이 수행이다.

7

<5단계>
평가기준에서 평가요소와
수행평가 제한사항을 결정하라

4단계에서 성취기준을 분석해서 수행과제를 확인했다면, 다음 단계에서는 평가기준에서 학생들이 구체적으로 수행해야 할 평가요소와 제한사항 등을 결정해야 합니다.

(2015) [6국03-03]목적이나 대상에 따라 알맞은 형식과 자료를 사용해 설명하는 글을 쓴다.

(2022) [6국03-01] 알맞은 내용을 선정해 대상의 특성이 나타나게 설명하는 글을 쓴다.

"도와줘요, 평가기준!" 여기까지 쭉 읽어왔다면 이제 익숙하죠? 성취기준을 분석하고 나면 항상 평가기준을 찾으세요. 성취기준을 구체화하는 실질적인 기준 역할을 평가기준이 맡아줄 겁니다. 앞에서 알아본 이 성취기준의 수행과제는 설명하는 글을 쓰는 것입니다. 그런데 학생에게 그냥 설명하는 글을 쓰라고 할 수는 없습니다. 구체적으로 어떻게 써야 하는지 평가요소와 제한사항 등을 안내해야 합니다. 이때 평가기준을 보면 구체적인 정보를 얻을 수 있습니다.

(2015) [6국03-03] 목적이나 대상에 따라 알맞은 형식과 자료를 사용해 설명하는 글을 쓴다.	상	목적이나 대상에 적합한 형식과 자료를 사용해 독자가 쉽게 이해할 수 있도록 설명하는 글을 쓸 수 있다.
	중	목적이나 대상에 적합한 형식과 자료를 사용해 설명하는 글을 쓸 수 있다.
	하	목적이나 대상에 부분적으로 적합한 형식과 자료를 사용해 설명하는 글을 쓸 수 있다.

평가기준 '상'에서 '하' 수준으로 내려가면서 '상'에 있는 내용이 '중, 하' 수준에서 어떻게 달라졌는지를 살펴봅니다. '상' 수준에는 있는데, '중, 하' 수준에 없는 것이 있으면 그것이 평가요소고, 평가의 수준이라고 할 수 있습니다. 구체적인 평가요소를 결정하려면 평가기준 '상' 수준을 분석해야 합니다. 평가기준 '상'은 학생이 수행해야 할 평가요소를 모두 가지고 있으니까요.

〈평가기준 '상' 수준으로 분석한 예〉

목적이나 대상에 적합한 형식과 자료를 사용해
(평가요소 1)　　(평가요소 2)　　(평가요소 3)

독자가 쉽게 이해할 수 있도록 설명하는 글을 쓸 수 있다.
(평가요소 4)　　　　　(수행과세)

먼저 평가요소 1에 관한 제한사항을 보겠습니다. 수행평가를 할 때 학생에게 '목적과 대상'을 선정하라고 해야 합니다.

두 번째 평가요소 2에서는 앞에서 설정한 목적과 대상에 적합한 '설명하는 방법'을 선정하라고 해야 합니다. 설명하는 방법에는 비교, 대조, 열거가 있습니다. 따라서 수행평가를 할 때 학생들에게 '비교', '대조', '열거' 중 적합한 방법을 선정해 설명하는 글을 쓰라는 조건이 들어가야 합니다.

평가요소 3은 '자료 사용'에 관한 것입니다. 설명하는 글을 쓸 때 적절한 자료를 사용하라는 조건을 제시해야 합니다. 자료를 인용하라면 학생들은 네이버 위키백과사전을 그대로 복사해서 쓰는 경우가 많죠. 그런 것을 방지하기 위해 백과사전 인용을 1회로 제한하고, 다른 자료를 활용하라는 조건도 넣었습니다.

마지막으로 평가요소 4에 관한 해석입니다. 평가기준 '상' 수준과 '중' 수준의 차이를 보면 이해하기 쉽게 쓴 것과 아닌 것의 차이라는 걸 알 수 있습니다. 따라서 대상에 맞는 언어를 사용해 쓸 것을 조건으로 넣어야 합니다. 예를 들면 교장 선생님에게 설명하는 글을 쓸 때와 1학년 동생에게 쓸 때가 다르겠죠. 따라서 독자가 이해하기 쉽게 작성하도록 해야 합니다.

| 조건 4 | ⇨ | 이해하기 쉽게 쓸 것 | ⇨ | 독자 수준을 고려해 작성하기 |

<6단계>
수행과제가 성취기준에 부합하는지 확인하라

수행평가 과제를 개발했다면 개발된 수행과제가 성취기준과 부합하는지를 확인해야 합니다. 간혹 수행과제가 성취기준의 요구사항을 충족하지 못하거나 성취기준과 맞지 않는 경우를 발견할 수 있습니다. 수행과제를 개발했다면 반드시 성취기준과 평가기준에 부합하는지 점검할 필요가 있습니다.

성취기준 = 수행과제

예를 들어 다음과 같은 성취기준이 있습니다.

(2015) [4국05-01] 시각이나 청각 등 감각적 표현에 주목하며 작품을 감상한다.

저는 이 성취기준으로 다음과 같은 프로젝트 수업을 진행했습니다.

프로젝트명: 나는야 시인!

탐구질문: 우리가 학생 시인으로서 우리의 생활 모습을 감각적 표현을 사용해 시를 쓰려면 어떻게 해야 할까?

수행과제: 감각적 표현이 들어간 시 쓰기

학습 결과물: 시

어떤가요? 수업의 수행과제가 성취기준과 부합하나요?

성취기준을 살펴보면 '작품을 감상한다'로 되어 있는데, 수행과제는 '감각적 표현을 사용한 시 쓰기'입니다. 이 경우는 성취기준과 다른 수행과제를 제시했기 때문에 잘못된 것입니다. 실제로 학교 평가 계획을 살펴보면 의외로 성취기준과 부합하지 않는 수행과제가 많습니다. 대부분 성취기준을 끝까지 읽지 않은 채 지식 부분만 읽고 성급하게 판단하거나, 수행평가를 개발하기보다는 이전 학기에 사용한 것을 새로운 학기에서 그대로 사용하면서 일어나는 일이죠.

위의 예는 성취기준 앞부분에 '감각적 표현'이 나오자 뒷부분 '동사'를 제대로 읽지 않고, 지레짐작으로 시를 쓴다고 한 경우입니다. 따라서 교사는 성취기준을 정확하게 읽은 후 동사를 정확하고 구체적으로 해석할 필요가 있습니다. 성취기준이 모호하면 평가기준의 도움도 받고요. 또한 새로운 학기가 시작되면 이전 학년도의 수행평가를 성취기준과 비교해서 수정하는 작업은 필수입니다.

수행과제가 성취기준과 부합하는지를 확인하는 과정은 수행평가의 오류를 수정하는 마지막 기회이기도 합니다. 수행평가를 하기 전에 수행과제가 성취기준과 부합하는지 확인하는 과정을 거친다면 많은 수행평가 오류를 줄일 수 있을 것입니다.

9 수행평가의 구체적인 종류를 알려드립니다

앞에서 동사에 맞는 수행평가를 찾았는데요. 사실 수행평가는 학생이 실제로 수행한 결과를 평가하기 때문에, 수행과제를 어떻게 수행하느냐에 따라 다양한 평가 방법이 있습니다. 이론상으로는 실제 상황의 종류만큼 수행평가의 종류가 있다고 할 수 있습니다. 따라서 수행평가의 여러 유형을 알고, 수행과제에 적합한 수행평가를 찾는 것이 중요합니다. 이번에는 수행평가의 종류를 알아보겠습니다.

유형	평가 방법	비고
수행평가	실제 상황에서의 평가	수행평가
	실기형, 실험실습, 관찰법	
	면접법, 구두시험, 토의토론	
	보고서법	
	포트폴리오	
	프로젝트법	

유형		평가 방법	비고
지필평가	서답형	논술형	수행평가
		서술형	
	선택형	완성형(괄호형)	수행평가 아님
		선다형	
		연결형(줄긋기형)	
		진위형(O, X형)	

서술형 평가

서술형 평가는 성취기준의 인지적 사고 수준에서 '지식', '이해', '적용'에 해당하는 동사를 평가할 때 많이 사용하는 수행평가 방법입니다. 주로 지식이나 이해를 바탕으로 개념을 요약하거나 설명하라는 형태죠. 서술형 평가는 종이에 쓰기 때문에 지필평가이고, 직접 기술하기 때문에 서답형으로 분류합니다. 현실적으로 초등학교에서 서답형으로 이루어지는 평가의 대부분은 서술형 평가입니다.

서술형 평가는 교사가 직접 출제하기 때문에 서술형 문항과 답안이 있습니다. 서술형 문항은 응답 내용, 응답 방식에 제한을 두고, 서술하는 내용이 비교적 짧습니다. 초등학교 수행평가의 상당수를 차지하고 있는 만큼 학교 현장에서 수행평가를 더 충실하게 실시하기 위해서는 서술형 평가에 관한 연구가 필요합니다.

논술형 평가

논술형 평가는 주로 성취기준의 인지적 사고 수준에서 '종합'이나 '평가'에 해당하는 동사를 평가할 때 사용하는 수행평가 방법입니다. 서술형이 지식에 관한 이해나 내용을 주로 평가한다면, 논술형 평가는 자신의 생각이나 주장을 논리적으로 설득력 있게 기술하는가를 보는 평가입니다. 서술형 평가에 비해 응답 내용, 응답 방식, 시간제한 등에 제약이 덜합니다. 논술형도 지필평가 중 하나이고 서답형이라서, 논술형 평가 문항을 개발하고 답안도 작성해야 합니다. 그리고 서술형 평가와 논술형 평가를 하나로 묶어서 '서·논술형 평가'라고도 합니다.

수행평가를 계획하고, 구체적인 수행평가 방법으로 서·논술형을 계획하고 있다면, 수행평가 계획서에 '수행평가(서·논술형)'처럼 표기합니다.

프로젝트법

프로젝트 수업으로 수행과제를 수행하고, 프로젝트 수행과정과 결과를 평가하는 것을 '프로젝트법'이라고 합니다. 요즘은 학교에서 프로젝트 수업을 많이 하므로 프로젝트 평가 방법도 현장에서 자주 사용하는 수행평가 방법의 하나입니다. 프로젝트법은 프로젝트 수업의 결과물로 평가하기 때문에, 수업 설계 단계부터 프로젝트 결과물이 평가로 이어지도록 준비해야 합니다. 이 책에서 소개하는 대부분의 수업 사례도 이것이라 '수행평가(프로젝트법)'로 분류할 수 있습니다. 프로젝트법으로 수행평가를 하려면 프로젝트 수업에 관한 이해가 필요합니다. 제가 집필한 『학생 중심수업, 교육과정을 디자인하다』가 프로젝트 수업을 이해하는 데 도움이 될 것입니다.

포트폴리오

포트폴리오는 학생이 쓰거나 만든 작품을 시기별로 차곡차곡 또는 체계적으로 모아둔 개인별 작품집 혹은 서류철을 이용한 평가 방법입니다(『교육평가 콘서트, 배움을 디자인하다』, 부재율 외). 요즘 과정중심평가가 확산하면서 자연스럽게 포트폴리오 평가 방법에 관심이 모이고 있는데요. 직접 해보니 현실적으로 제대로 포트폴리오 평가를 하기가 쉽지 않았습니다. 포트폴리오 평가 방법에 여러 종류가 있지만, 그래도 학교에서 할 수 있는 가장 현실적인 평가 방법은 '프로젝트 포트폴리오'인 것 같습니다.

프로젝트 포트폴리오 평가 방법은 학생들에게 같은 주제에 다른 과제를 제시해 결과물이 순차적으로 나오게 하는 방법입니다. 예를 들어 제안하는 글쓰기를 한다면, 먼저 제안하는 글을 쓰는 법을 배우면서 제안하는 글을 쓰게 하고, 두 번째는 학교의 시설이나 환경면에서 제안하는 글을 쓰게 하고, 마지막으로 지역 사회의 여러 가지 문제 상황에 대한 제안하는 글을 쓰게 합니다. 이렇게 하면 결과물이 세 개가 나옵니다. 이 세 가지 결과물로 학생의 진보 정도를 평가할 수 있습니다.

프로젝트 기반 포트폴리오로 평가하려면 교사는 성취기준을 달성하기 위한 체계적이고, 계획된 수행과제 제시가 꼭 필요합니다. 프로젝트 기반 포트폴리오를 수행하는 학생은 자신의 수행과제를 중간중간 기록합니다. 그리고 이런 기록을 다 모아서 최종 목표에 도달했는지를 평가합니다. 따라서 포트폴리오 평가를 하려면 프로젝트 중간중간 목표 달성 여부를 확인할 수 있는 결과물을 만들 수 있도록 수업을 설계해야 하는 거죠.

보고서법

보고서법도 요즘 많이 활용되고 있습니다. 어떤 주제를 조사하고 연구한 후 그 결과를 보고서로 작성하는 평가 방법입니다. 세부적인 보고서법으로는 연구보고서, 실험실습보고서, 조사보고서 등이 있습니다.

면접법

평가자가 학생과 직접 대면해 지필식 시험이나 서류만으로는 알 수 없는 사항들을 알아보고 평가하는 방법입니다(『교육평가 콘서트, 배움을 디자인하다』, 부재율 외).

구두 시험

특정 교육 내용이나 주제에 대한 학생의 의견과 생각을 발표시킨 후 준비도, 이해력, 판단력, 의사소통능력 등을 직접 평가하는 방법입니다(『평가란 무엇인가?』, 정창규·강대일). 구술로 진행하는 평가는 일대일로 진행하는 경우가 많아서 시간이 오래 걸리고, 다른 학생의 관리에 어려움이 있습니다. 그러나 특수학급처럼 일대일 평가가 필요한 경우나 소인수 학급이라면 아주 유용합니다.

토의·토론

토의·토론법에서는 서로 다른 의견을 제시할 수 있는 특정 주제에 대해 개인별 혹은 집단별로 찬반 토론을 하게 합니다. 토론 내용의 충실성, 논리성과 함께 지도력, 수용력, 사회성 등을 평가함으로써 인지적 특성 및 정의적 특성을 동시에 파악하는 방법입니다(『교육평가 콘서트, 배움을 디자인하다』, 부재율 외).

실기형

학생들이 배운 내용을 직접 보여주는 평가 방법입니다. 예전에는 주로 실과나 예체능 과목에서 단순한 실기 시험을 보았죠. 예를 들면 농구에서 자유투 넣기나 배구의 서브 넣기 등이 있습니다. 예전 실기 시험과 요즘 수행평가 실기형에는 근본적인 차이가 있습니다. 전에는 단순히 농구공을 슛하는 장면만 평가했다면, 요즘 수행평가는 실제 농구 경기 중에 학생의 농구슛 장면을 보고 평가하는 것이라고 할 수 있습니다. 다음에 소개할 실제 상황에서의 평가와 살짝 겹치는 부분이 있는데요. 실제 상황에서의 평가는 농구슛만이 아니라 종합적인 상황을 고려해 평가하는 것이 다른 점이라고 할 수 있습니다.

실험·실습법

주로 과학 과목에서 많이 사용합니다. 학생들이 직접 실험·실습을 하고, 그 과정과 결과를 평가하는 방법입니다.

관찰법

수행평가에서 관찰법도 많이 활용하고 있습니다. 학생의 행동이나 학습하는 내용을 관찰하고 기록하는 방법입니다. 관찰법으로 학생의 학습 과정이나 결과를 관찰하려면 합당한 체크리스트나 채점기준표가 마련되어야 합니다. 그렇지 않고 그냥 관찰법이라고 하면 주관적인 평가가 될 수 있으니까요. 수행평가를 관찰법으로 계획한다면, 그에 따른 객관적인 체크리스트나 채점기준표 등을 반드시 제시해야 합니다.

실제 상황에서의 평가

『교실평가의 원리와 실제』(James H. McMillan)에서는 실제 상황에서의 평가를 '참평가'라는 용어로 사용하며 다음과 같이 설명하고 있습니다.

"참평가(실제 상황에서의 평가)에서는 학생의 능력을 직접적으로 점검하는데, 이 능력은 실생활이나 실제 세계에서 마주치는 과제를 수행할 수 있게 하는 지식을 사용하는 능력을 말한다."

'환경운동단체에 가입해 실제로 활동하기'처럼 이 방법의 핵심은 교실에서 벗어나 실생활에서 과제를 수행하고, 그 과정을 평가하는 것입니다. 하지만 현실적으로 매우 어려운 평가 방법이기도 합니다. 개인적으로는 프로젝트법으로 수행평가를 하는 것이 더 낫다고 생각합니다.

교수평 통합 솔루션

feat. 교수평가 일체화, 교육과정, 수업, 평가, 기록의 모든 것

5부

교육과정 통합 솔루션
: 수업 설계에서 수업과 평가,
가정통지까지

A+

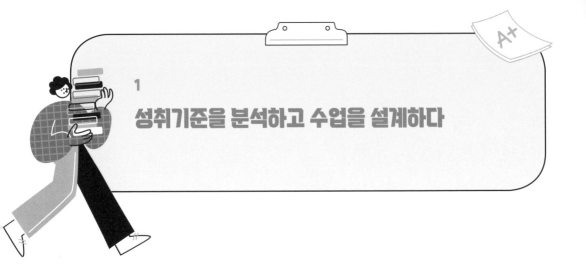

1 성취기준을 분석하고 수업을 설계하다

지금까지 교육과정, 수업, 평가, 가정통지에 이르기까지 많은 것을 알아보았는데요. 이번에는 실제 수업 사례를 통해 지금까지 했던 모든 것을 종합해 보겠습니다. 교육과정 수업 평가의 설계에서 평가 결과를 채점해 가정통지에 이르기까지의 전 과정을 정리합니다. 지금까지 여기저기 흩어져 있던 교육과정 수업 평가의 퍼즐을 맞추는 시간입니다.

이번에 알아볼 성취기준은 다음과 같습니다. 이 수업은 2015 개정 교육과정에서 실시한 수업입니다. 2022 개정 교육과정은 참고로 제시했습니다.

(2015) [6국04-06] 일상생활에서 국어를 바르게 사용하는 태도를 지닌다.

(2022) [6국04-06] 글과 담화에 쓰인 단어 및 문장, 띄어쓰기를 민감하게 살펴 바르게 고치는 태도를 지닌다.

수업과 평가 설계를 위해서는 성취기준을 분석해야 합니다. 성취기준 분석 순서는 다음과 같습니다.

1단계: 성취기준에서 지식과 기능으로 분리하라.

2단계: 지식을 확인하고, 학습요소를 찾아라.

3단계: 성취기준에서 동사를 찾고, 그 의미를 해석하라.

4단계: 동사를 해석해 수행과제(활동)를 결정하라.

5단계: 프로젝트 결과물을 결정하라.

6단계: 결과물을 발표할 방법을 찾아라.

1단계: 성취기준에서 지식과 기능으로 분리하라

맨 처음에는 성취기준을 지식과 기능으로 분리합니다. 그런데 성취기준이 '국어를 바르게 사용하는 태도를 지닌다'네요. 성취기준에서 지식을 찾는 것부터 난관이 예상되지만 당황하지 말고, 성취기준의 구성 원리를 생각해 보세요.

성취기준은 주로 지식을 알고, 기능을 실천하는 것입니다. 따라서 성취기준에서 제시하는 국어를 바르게 사용하는 태도를 지니려면 무엇을 알아야 하는지를 찾으면 됩니다. 국어를 바르게 사용하는 태도를 지니기 위해서는 당연히 국어를 바르게 사용하는 법을 알아야 합니다. 따라서 성취기준의 지식은 '국어를 바르게 사용하는 법'이 됩니다. 일반적으로 성취기준의 지식은 '무엇을'을, 기능은 '어떻게'를 의미합니다.

2단계: 지식을 확인하고, 학습요소를 찾아라

다음에는 지식에서 학습요소를 찾았습니다. 성취기준의 지식은 '국어를 바르게 사용하는 법'입니다. 학습요소는 이에 대해 구체적으로 학생이 학습해야 할 요소를 찾는 단계입니다. '국어를 바르게 사용하는 법'이라고 말하긴 했지만, 막상 구체적인 학습요소가 잘 떠오르지 않았습니다. 더 실질적인 정보가 필요했지요. 이렇게 성취기준이 모호할 때 실질적인 정보를 얻을 수 있는 곳이 있습니다. 바로 평가기준입니다. 그래서 다음과 같이 외쳤습니다.

"도와줘요, 평가기준!"

다음은 위의 성취기준에 따른 평가기준입니다.

상	일상생활에서 올바른 국어사용을 적극적으로 실천한다.
중	일상생활에서 국어를 바르게 발음하고 표기하는 태도를 지닌다.
하	일부 상황에서 국어를 바르게 발음하고 표기한다.

평가기준을 살펴보면 '상' 수준에서 '올바른 국어사용을 적극적으로 실천한다'로 나와 있습니다. 올바른 국어사용이 무엇인지는 '중'과 '하' 수준을 보면 힌트를 얻을 수 있습니다. '중, 하' 수준에서는 바르게 발음하고 표기하는 걸 올바른 국어사용이라고 말하고 있습니다. 따라서 올바른 국어사용을 하려는 태도를 기르기 위해서는 올바르지 않은 국어 사용법의 예를 찾고, 그것을 바르게 사용하려고 실천하는 것이라는 것을 알 수 있습니다. 학습요소는 훼손된 우리말 사례의 구체적인 내용이 됩니다.

3단계: 성취기준에서 동사를 찾고, 그 의미를 해석하라

세 번째는 동사를 찾고, 그 의미를 해석해 보았습니다. 위의 성취기준에서 동사는 '태도를 지닌다'입니다. 사실 성취기준에서 '태도를 지닌다'라는 '동사'가 나오면 정말 난감합니다. '도대체 이걸 어떻게 하라는 거야?'라는 불만이 자동으로 터지죠. 가치나 태도에 관한 '동사'를 만날 때 당황만 하지 말고 적극적으로 해석해 보세요. 이때도 평가기준이 유용합니다. 다시 외칩시다. "도와줘요, 평가기준!"

먼저 평가기준 '상' 수준을 보면 '국어사용을 적극적으로 실천한다'로 되어 있습니다. '중' 수준은 '국어를 바르게 발음하고 표기하는 태도를 지닌다'로 되어 있습니다. '하' 수준에는 '국어를 바르게 발음하고 표기한다'네요. 이 관계를 표로 나타내면 다음과 같습니다.

수준	국어 사용	실천
'상' 수준에 있는 것	일상생활에서 올바른 국어사용	적극적
'중' 수준에 있는 것	일상생활에서 바르게 발음하고 표기	태도 지니기
'하' 수준에 있는 것	일부 상황에서 바르게 발음하고 표기	X

'상' 수준에서 '하' 수준으로 내려오면 '태도의 모습'을 해석할 수 있습니다. 즉, '상' 수준에서는 '적극성'으로 실천하고, '중' 수준에서는 바르게 표기하려고 노력하고, '하' 수준에서는 단순히 바르게 발음하고 표기하게 되어 있습니다.

따라서 '상' 수준의 '적극성'은 단순히 일상생활에서 훼손된 우리말 사례를 찾아 바르게 표기하는 것에서 그치는 게 아니라고 생각했습니다. 우리의 국어사용 실태를 파악한 후 반성하고, 나부터라도 올바른 국어사용을 실천하겠다는 다짐이 따라야 한다고요. 그래서 학생들이 훼손된 우리말 사례를 조사하고, 문제점을 파악해, 어떻게 실천할지를 다짐하는 보고서를 작성하도록 했습니다.

4단계: 동사를 해석해 수행과제(활동)를 결정하라

네 번째는 동사를 해석해 수행과제를 결정했습니다. 성취기준의 동사가 수행과제가 된다고 했었죠?

(2015) [6국04-06] 일상생활에서 국어를 바르게 사용하는 태도를 지닌다.

(수행과제)

따라서 수행과제는 '(국어를 바르게 사용하는) 태도를 지닌다'가 됩니다.

수행과제(수정 전)	⇨	태도를 지닌다

그런데 앞 단계에서 성취기준을 분석하면서 '국어를 바르게 사용하는 태도'를 훼손된 우리말 사례와 문제점을 알아보고, 이를 적극적으로 실천하는 것으로 해석했습니다. 따라서 학생들이 수행할 수행과제는 훼손된 우리말 사용에 관한 조사 보고서 작성으로 결정했습니다.

수행과제(수정 후)	⇨	일상에서 훼손된 우리말을 찾아서 조사 발표하기

5단계: 프로젝트 결과물을 결정하라

이제 프로젝트 결과물을 결정하는 단계입니다. 동사를 해석하면 수행과제가 결정되고, 수행과제가 결정되면 그에 따라 결과물이 결정됩니다. 이 결과물은 평가와 연계됩니다.

〈수행과제 결과물〉

개인	훼손된 우리말 사례 보고서
집단	훼손된 우리말 자료

저는 프로젝트 수업을 할 때도 결과물만큼은 개인과 집단으로 나누어 만들게 합니다. 집단이 만든 자료는 개인 보고서를 쓰는 데 참고 자료가 될 수 있지만, 평가에는 반영하지 않습니다. 평가는 개인이 작성한 보고서에만 반영합니다. 이렇게 하는 이유는 평가의 편의성 때문입니다. 집단 결과물로는 누가 얼마나 이바지했는지 알 수 없으니 무임승차를 방지해야 하니까요. 그래서 개인과 집단으로 결과물을 나누고, 수행평가는 개인 것으로만 한다고 미리 안내합니다.

6단계: 결과물을 발표할 방법을 찾아라

여섯 번째는 결과물을 발표할 방법을 찾는 것입니다. 저는 훼손된 우리말 사례 보고서를 교장 선생님 앞에서 발표하고, 조사 보고서를 전시해 전교생이 볼 수 있도록 했습니다.

2
성취기준을 분석해 평가를 설계하다

수업 설계가 끝난 다음에는 평가 설계를 해야 합니다. 평가 설계는 크게 수행 평가 설계와 채점기준표 개발로 나눌 수 있습니다. 앞에서 성취기준을 분석했는데 요. 사실 성취기준을 분석했다면 수행평가와 채점기준표 개발을 위한 기초는 어느 정도 잡았다고 할 수 있습니다. 먼저 수행평가를 설계해 보겠습니다.

수행평가 방법 결정

앞의 예를 그대로 가져와 이어가겠습니다. 성취기준에서 동사는 '태도를 지닌 다'입니다. 인지적 사고 수준으로 보면 상당히 높은 수준입니다. 훼손된 우리말 사 례를 찾아보고, 국어를 올바르게 사용하지 않으면 안 되는 이유를 비판하고 적극 실천하는 것이기 때문에, 사고 수준은 '평가'에 해당한다고 판단했습니다. 따라서 지필과 수행평가 중 수행평가를 선택했습니다.

유형		평가 방법	비고
수행평가		실제 상황에서의 평가	수행평가
		실기형, 실험실습, 관찰법	
		면접법, 구두시험, 토의토론	
		보고서법	
		포트폴리오	
		프로젝트법	
지필평가	서답형	논술형	수행평가 아님
		서술형	
	선택형	완성형(괄호형)	
		선다형	
		연결형(줄긋기형)	
		진위형(O, X형)	

(2015) [6국04-06]
일상생활에서 국어를 바르게 사용하는 태도를 지닌다.

구체적인 수행평가 방법 결정

이 수업의 결과물은 훼손된 우리말 사례를 담은 보고서입니다. 그러나 학생들이 거리의 간판이나 광고 등을 직접 조사하는 프로젝트 수업으로 진행했기 때문에, 구체적인 수행평가 방법을 보고서가 아닌 프로젝트법으로 분류했습니다.

동사		사고 수준		평가 방법
태도를 지닌다	⇨	평가	⇨	수행평가(프로젝트법)

3

채점기준표를 개발하다

채점기준표 개발은 성취기준과 평가기준을 분석해 작성합니다. 다음은 평가기준 '상' 수준을 분석한 결과입니다.

(평가기준 '상') 일상생활에서 올바른 국어사용을 적극적으로 실천한다.

(평가요소 1)　　　(평가요소 2)　　　(평가요소 3)

평가요소 1	⇨	일상생활

'일상생활'은 조사 범위를 제한하는 기준으로 사용해 채점기준표에 넣었습니다. 그러나 일상생활에 변별력을 줄 수는 없으니, 채점기준표에 반영은 했지만 평가하지는 않았습니다.

'올바른 국어사용'은 앞에서 다룬 과정을 거쳐 '훼손된 우리말 사례를 구체적으로 조사하는 것'으로 정했습니다. 주로 지식에 관한 사항을 채점기준표에 반영했습니다.

'적극적으로 실천하기'는 학생들이 훼손된 우리말을 조사·분석한 후 이를 바로 잡고 실천하는 계획이나 의지 여부를 채점기준표에 반영했습니다.

(2015) [6국01-04] 자료를 정리해 말할 내용을 체계적으로 구성한다.

(2022) [6국01-05] 자료를 선별해 핵심 정보를 중심으로 내용을 구성하고 매체를 활용해 발표한다.

마지막으로 교과서에서 하나 더 제시한 성취기준이 있어서 이를 반영했습니다. 국어 교과를 수업하다 보면 2개 이상의 성취기준이 있는 경우가 많은데, 위 성취기준은 비교적 간단해서 평가요소 4로 반영했습니다.

지금까지의 내용을 정리하면 다음과 같은 분석적 채점기준표를 완성했습니다.

평가요소 \ 수준	매우 잘함	잘함	향상 필요
올바른 국어 사용	일상생활 속에서 사용되는 구체적인 우리말 훼손 사례를 4가지 찾았다.	일상생활 속에서 사용되는 구체적인 우리말 훼손 사례를 2~3가지 찾았다.	일상생활 속에서 사용되는 구체적인 우리말 훼손 사례를 1가지 이하로 찾았다.
	□ ① 무분별한 외국어　□ ② 초성　□ ③ 줄임말　□ ④ 신조어 □ ⑤ 사물을 높이는 표현 □ ⑥ 비속어　□ ⑦ 문법, 맞춤법 파괴 □ ⑧ 기타(　　　　　　　)		
실천하기	우리말 훼손 사례 조사 결과에 따른 자신의 생각이나 느낌을 구체적으로 쓰고, 훼손된 우리말 사용에 관한 경각심, 실천 계획이나 의지 등의 내용이 포함되어 있다. * 경각심(정신을 차리고 주의 깊게 살피어 경계하는 마음)	우리말 훼손 사례 조사 결과에 따른 자신의 생각을 썼고, 훼손된 우리말 사용에 관한 경각심을 느끼는 내용이 포함되어 있다.	우리말 훼손 사례에 대해 썼으나 경각심을 느끼는 태도가 드러나 있지 않다.
	□ 생각이나 느낌 □ 실천 계획이나 의지		
자료정리	조사 발표와 목적에 맞게 모든 구성 요소를 포함해 체계적으로 구성했다.	조사 발표와 목적에 맞게 2가지 구성 요소를 포함해 구성했다.	조사 발표와 목적에 맞게 1가지 구성 요소를 포함해 구성했다.
	□ ① 시작하는 말　□ ② 조사 자료 구체적으로 설명 □ ③ 끝맺는 말(조사한 후에 든 훼손된 우리말에 관한 생각이나 느낌)		

4

교육과정매핑을 완성하다

5학년 국어 프로젝트 수업 교육과정매핑(Mapping)

1. 프로젝트 수업의 개요

프로젝트명	우리말을 지켜라		
프로젝트 유형	단일교과 PBL		
학년	5학년		
주 과목	국어		
다른 과목과의 연계(옵션)	없음		
관련 단원	국어	8. 우리말 지킴이	
수업 운영 차시	14차시	기간	

2. 성취기준

과목	성취기준	지식	기능	활동
국어	(6국04-06) 일상생활에서 국어를 바르게 사용하는 태도를 지닌다.	국어를 바르게 사용하는 법	태도를 지닌다.	우리말 훼손 사례 조사하기
	(6국01-04) 자료를 정리해 말할 내용을 체계적으로 구성한다.	자료정리	체계적으로 구성한다.	조사 보고서 제작 및 발표

3. 탐구 질문

우리가 우리말 지킴이가 되어 훼손된 우리말을 조사하고, 우리 학교 학생들에게 바른 우리말 사용법을 알리기 위한 발표 전시회를 하려면 어떻게 해야 할까?

4. 프로젝트 아이디어

주요 이슈, 도전 사항, 탐구, 시나리오, 문제에 관한 요약

일상생활에서 훼손된 우리말 사례를 찾아서 조사해 발표하고, 우리 학교 학생들도 함께 참여할 수 있도록 발표 자료를 전시한다.

5. 개념 게시판

프로젝트를 수행하기 위해 반드시 알아야 할 지식입니다.

〈우리말 훼손 사례 및 문제점 찾기〉

훼손된 우리말 사례 종류	주제 선택하기
무분별한 외국어	
줄임말 사용	

뜻이 잘 통하지 않는 신조어	
사물 높임 표현	
무분별한 초성 사용	
기타	

6. 모둠(팀) 구성

수업 성격에 맞게 자유롭게 구성합니다.

우리말팀장	
조사팀장	
발표팀장	
안전관리팀장	

7. 프로젝트 수업 결과물

개인	우리말 훼손 사례 조사 결과 보고서
단체	우리말 훼손 사례 발표 자료

8. 수업 흐름도

순서	수업 단계	활동 내용	평가	비고
1	도입활동 & 탐구질문	프로젝트 주제 탐구질문 일반청중 프로젝트 개인과 모둠별 결과물 확인 평가 확인 프로젝트 계획서		채점기준표 제시
2	지식과 기능 쌓기 1	우리말 훼손 사례 알기 - 무분별한 외국어 사용 - 줄임말 사용 - 사물을 높이는 표현 사용 - 뜻이 잘 통하지 않는 신조어 - 무분별한 초성 사용	형성 평가	
3	지식과 기능 쌓기 2	우리말 훼손 사례 조사하기 - 신조어 맞춤법, 문법 파괴 기타(한글을 영어로, 한글+영어로)	형성 평가	
4	결과물 개발하고 수정하기	학교 주변 간판 광고에서 조사		
5	결과물 개발하고 수정하기	학교 주변 간판 광고 조사하기 우리말 훼손 사례 직접 조사하기 개인별 조사 보고서 만들기	수행 평가	
6	결과물 개발하고 수정하기	발표 자료 만들기 발표 리허설하기		
7	결과물 발표하기	교장 선생님께 발표하기 - 발표하기		교장 선생님, 담임교사, 기타
8	수업 성찰하기	수업 성찰하기	자기 평가	

9. 평가 계획

가. 성취기준 및 평가기준

성취기준		평가기준
[6국04-06] 일상생활에서 국어를 바르게 사용하는 태도를 지닌다.	상	일상생활에서 올바른 국어사용을 적극적으로 실천한다.
	중	일상생활에서 국어를 바르게 발음하고 표기하는 태도를 지닌다.
	하	일부 상황에서 국어를 바르게 발음하고 표기한다.
[6국01-04] 자료를 정리해 말할 내용을 체계적으로 구성한다.	상	말하기 상황과 목적에 적합하게 자료를 정리해 듣는 이가 이해하기 쉽도록 말할 내용을 체계적으로 구성할 수 있다.
	중	말하기 목적에 적합하게 자료를 정리해 말할 내용을 체계적으로 구성할 수 있다.
	하	말하기 주제와 관련한 자료를 수집해 나열할 수 있다.

나. 채점 기준표

평가요소 \ 수준	매우 잘함	잘함	향상 필요
올바른 국어 사용	일상생활 속에서 사용되는 구체적인 우리말 훼손 사례를 4가지 찾았다.	일상생활 속에서 사용되는 구체적인 우리말 훼손 사례를 2~3가지 찾았다.	일상생활 속에서 사용되는 구체적인 우리말 훼손 사례를 1가지 이하로 찾았다.
	□ ① 무분별한 외국어　□ ② 초성　□ ③ 줄임말　□ ④ 신조어 □ ⑤ 사물을 높이는 표현　□ ⑥ 비속어　□ ⑦ 문법, 맞춤법 파괴 □ ⑧ 기타(　　　　　　　)		

실천하기	우리말 훼손 사례 조사 결과에 따른 자신의 생각이나 느낌을 구체적으로 쓰고, 훼손된 우리말 사용에 관한 경각심, 실천 계획이나 의지 등의 내용이 포함되어 있다. * 경각심(정신을 차리고 주의 깊게 살피어 경계하는 마음)	우리말 훼손 사례 조사 결과에 따른 자신의 생각을 썼고, 훼손된 우리말 사용에 관한 경각심을 느끼는 내용이 포함되어 있다.	우리말 훼손 사례에 대해 썼으나 경각심을 느끼는 태도가 드러나 있지 않다.
	☐ 생각이나 느낌 ☐ 실천 계획이나 의지		
자료정리	조사 발표와 목적에 맞게 모든 구성 요소를 포함해 체계적으로 구성했다.	조사 발표와 목적에 맞게 2가지 구성 요소를 포함해 구성했다.	조사 발표와 목적에 맞게 1가지 구성 요소를 포함해 구성했다.
	☐ ① 시작하는 말　　☐ ② 조사 자료 구체적으로 설명 ☐ ③ 끝맺는 말(조사한 후에 든 훼손된 우리말에 관한 생각이나 느낌)		

5

프로젝트 수업으로 과정중심평가, 교수평기 일체화를 실천하다

여기서는 앞에서 설계한 내용을 바탕으로 과정중심평가, 교수평기 일체화를 수업으로 실천해 보겠습니다. 여느 수업과 마찬가지로 프로젝트 수업으로 진행했습니다. 프로젝트 수업의 흐름은 일반적으로 오른쪽 페이지와 같습니다.

수업 시작 전 준비물: 교육과정매핑

교사는 프로젝트 수업을 시작하기 전에, 앞에서 계획한 교육과정매핑을 준비합니다. 교육과정매핑에는 전체적인 수업의 개요와 채점기준표가 포함되어 있습니다.

프로젝트 수업 흐름도

프로젝트 시작:
도입활동 & 탐구질문

탐구질문에 답하기 위한
지식과 기능(기술) 쌓기

피드백

탐구질문에 답하는 결과물
개발하고 수정하기

탐구질문에 답하기 위한
결과물 발표하기

출처: 프로젝트 학습: 초등교사를 위한 안내

프로젝트 수업 1단계: 도입활동 & 탐구질문

프로젝트 수업의 도입활동 & 탐구질문 시간에는 학생들과 프로젝트의 모든 것을 공유하고, 어떻게 하면 프로젝트를 성공시킬지를 함께 고민하는 시간입니다. 교육과정 수업 평가에 이르기까지의 내용 전부를 학생과 공유합니다.

〈수업 시작〉

수업은 교육과정매핑을 나눠주는 것에서 시작합니다. 프로젝트 수업을 시작할 때는 앞에서 제시한 교육과정매핑을 미리 준비해 학생들에게 나눠줍니다. 학생들은 교육과정매핑을 통해 교육과정 수업 평가를 미리 확인할 수 있습니다. 교육과정매핑은 학생과 교육과정 수업 평가를 공유하는 중요한 자료입니다.

> **교사:** "여러분, 교육과정매핑을 봐주세요. 이번 프로젝트 주제와 내용은 다음과 같습니다."

〈프로젝트 주제 제시〉

프로젝트명(주제명): 우리말을 지켜라

〈탐구질문〉

탐구질문 시간에는 학생들과 수업을 공유하고, 앞으로 어떻게 이 프로젝트를 진행할지에 대해 고민합니다. 교사와 학생은 탐구질문을 사이에 두고 서로 질문할 수 있습니다.

> 탐구질문: 우리가 우리말 지킴이가 되어 우리 학교 학생들에게 훼손된 우리말을 조사해, 바른 우리말 사용법을 알리기 위한 발표 전시회를 하려면 어떻게 해야 할까?

교사: "여러분, 이 프로젝트를 하기 위해서 우리가 알아야 하는 것은 무엇일까요?"

교사: "여러분, 이번 프로젝트에서 우리가 해야 할 것은 무엇일까요?"

학생: "선생님, 훼손된 우리말 조사는 어떻게 해야 하나요?"

학생: "선생님, 발표회는 어디서 하나요?"

〈동기부여 – 일반청중〉

프로젝트 수업에서 동기부여는 매우 중요합니다. 학생주도적인 수업이 되려면 자신이 수행하는 과제가 '가치' 있는 일이라고 생각할 수 있어야 합니다. 학생의 기대와 가치를 높이기 위해서 프로젝트 수업에서는 '일반청중'을 수업에 참여시키는데, 일반청중은 수업의 직접적인 참가자가 아니라 제삼자인 쪽이 훨씬 더 효과가 좋습니다. 저는 일반청중으로 교장 선생님을 수업에 초대했습니다.

교사: "여러분, 이번 수행과제를 위해 교장 선생님께서 오셨어요. 교장 선생님께서 어떤 수행과제를 주는지 잘 들어보기로 해요."

교사: "교장 선생님을 한 번 불러보겠습니다."

학생: "교장 선생님, 나와 주세요."

교장: "여러분, 조금 있으면 한글날이지요. 한글날을 맞아서 교장 선생님이 여러분에게 미션을 하나 주겠어요. 교장 선생님은 요즘 우리말을 들어보면 무슨 말인지 하나도 모르겠어요. 외국어도 많고, 줄임말도 많아서 도저히 알 수 없어요. 여러분이 이렇게 훼손된 우리말 사례를 조사해서 우리 학교 전교생에게 그 실태를 알려주는 일을 해주었으면 좋겠어요."

일반청중으로 참가 중인 교장 선생님

일반청중인 교장 선생님이 이렇게 수행과제를 제시하면 이 수업은 이제 '진짜' 수업이 됩니다. 학생들에게 큰 동기부여가 되지요. 교장 선생님은 여기서 그치는 것이 아니라, 학생들에게 프로젝트 수행을 잘하라는 의미로 소소한 간식을 마련해 주셨습니다. 우리는 이것을 '월급'이라고 부르는데, 이런 소소한 장치가 학생들의 수행과제를 실제 상황으로 만듭니다. 이 모든 것이 프로젝트 수행에 따른 동기부여를 위한 장치라고 할 수 있습니다. 일반청중의 참여로 이제 이 수업은 진짜 살아 있는 수업이 되었습니다.

〈수행과제와 학습 결과물 제시〉

교장 선생님 말씀이 끝나면 다음은 수행과제와 학습 결과물을 제시합니다. 기준(준거)참조평가에서는 수행과제와 학습 결과물을 첫 시간에 알려줍니다. 수업과 평가를 학생과 공유하기 위해서입니다. 수행과제와 학습 결과물은 교육과정매핑에 모두 있습니다. 도입활동 시간에 가장 많이 활용하는 것이 바로 교육과정매핑입니다.

교사: "여러분, 교육과정매핑을 다시 한번 봐주세요. 이번 프로젝트에서 우리가 해야 할 일은 훼손된 우리말 사례를 조사해서, 전교생에게 발표하는 것입니다. 우리가 해야 할 일은 다음과 같습니다. 특히 개인이 하는 조사 보고서는 수행평가에 반영할 예정입니다."

〈수행과제〉

개인	우리말 훼손 사례 조사 결과 보고서(수행평가)
단체	우리말 훼손 사례 발표 자료

〈채점기준표 제시〉

학생들에게 수행평가를 본다고 말했다면 채점기준표를 제시해야 합니다. 도입활동에서 제시하는 채점기준표는 채점을 위한 것이 아니라 학습 목표를 확인하는 역할을 합니다. 구체적인 채점기준표는 교육과정매핑의 채점기준표로 대신합니다.

교사: "자, 채점기준표를 한 번 읽어볼까요?"
교사: "채점기준표를 읽어보면서 앞으로 우리가 무엇을 알아야 하고, 어떻게 해야 하는지를 확인해 보도록 해요."

채점기준표를 보면서 교사는 학생들에게 다음과 같은 질문을 합니다. 물론 학생들도 교사에게 질문할 수 있습니다. 도입활동에서는 채점기준표를 사이에 두고 수업의 전체적인 내용에 대해 의사소통하는 거죠.

교사: "훼손된 우리말 사례를 몇 가지를 조사해야 할까요?"

학생: "4가지요."

교사: "훼손된 우리말 사례를 3가지 쓰면 나는 어떤 점수를 받을까요?"

프로젝트 수업 2단계: 지식과 기능 쌓기

프로젝트 수업에서 지식과 기능 쌓기는, 프로젝트를 수행하기 위해 반드시 알아야 할 지식과 그것을 실천하기 위한 기능을 익히는 과정입니다. 이 수업에서는 훼손된 우리말 사례에 관한 구체적인 예와 사용 사례 등을 조사하고, 조사 보고서를 어떻게 쓰는지를 알아봤습니다. 학생들은 서로 토의하거나, 협동학습, 조사활동 등을 통해 구체적인 사례를 조사했습니다.

프로젝트 수업 2, 3단계:
지식과 기능 쌓기+결과물 개발하고 수정하기

교실에서 배운 지식과 기능을 이번에는 실제로 적용하는 단계입니다. 이 수업에서 학생들은 학교 주변의 간판이나 광고, 전단지 등에서 훼손된 우리말 실태를 조사했습니다.

학생들이 거리에 나가 조사활동을 하려면 교장 선생님의 허락이 필요합니다. 그래서 학생들에게 현장학습을 위한 조사 계획서와 출장 신청서를 작성하라고 했습니다.

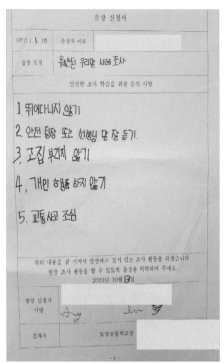

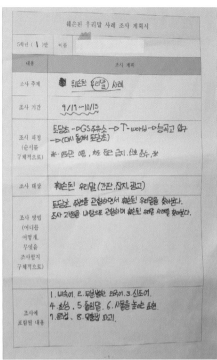

이렇게 작성한 출장 신청서를 가지고 교장실을 방문했습니다. 학생들은 자신들의 조사 계획을 교장 선생님께 설명하고, 출장 신청서를 결재받았습니다.

프로젝트 수업과 수행평가에서는 이런 식으로 실제와 같은 상황을 만드는 게 매우 중요합니다. 학생들에게 동기부여가 되기 때문입니다. 출장 신청과 결재라는 작은 아이디어가 학생들에게 동기를 부여하고, 할 만한 수업이라는 기대와 가치를 줍니다. 프로젝트 수업을 설계할 때 실제 상황이 들어간 장면을 설계해 보세요.

또 교장 선생님 결재가 끝난 출장 신청서와 조사계획서는 복도에 게시해 전교생이 볼 수 있도록 했습니다. 이 또한 동기를 부여하며, 학습 내용과 주의사항을 전교생에게 알림으로써 안전사고 등에 관한 경각심을 줄 수도 있습니다.

프로젝트 수업 3단계: 결과물 개발하고 수정하기

〈결과물 개발하기〉

출장 신청서 결재를 잘 마무리한 학생들은 학교 주변 거리에 나가 훼손된 우리말 사례를 조사했습니다. 결과물 개발하기는 개인과 집단으로 진행합니다. 집단은 학교 주변 간판이나 광고지에서 찾은 우리말 훼손 사례 자료를 제작하는 것이고, 개인은 훼손된 우리말 사례 관련 조사 보고서를 쓰는 것입니다.

〈집단 학습 결과물 제작〉

먼저 모둠별로 결과물을 개발했습니다. 학교 주변 거리에서 찾은 훼손된 우리 말 사례를 조사한 내용입니다. 집단으로 조사한 자료는 모둠원이 공유합니다. 함께 만들어서 각자 사용하는 것이지요. 이렇게 하면 협동학습의 의미도 생각하게 됩니다.

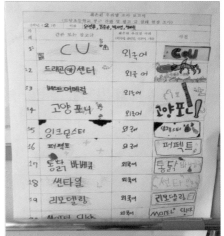

〈개인별 보고서 작성〉

집단 결과물을 개발하고 나면 학생들에게 개별 보고서를 작성하라고 합니다. 이때, 작성하는 개별 보고서는 수행평가라고 말해줍니다.

〈채점기준표 다시 제시〉

수행평가를 한다고 하면 기준(준거)참조평가에 익숙한 학생은 "선생님, 채점기준표는요?"라고 질문합니다. 마치 중간고사나 기말고사를 본다고 했을 때 시험범위가 어디까지인지를 물어보는 것과 같은 이치입니다.

교사: "여러분, 지금부터 훼손된 우리말 조사 보고서를 작성합니다. 지금 작성한 보고서는 수행평가입니다. 수행평가를 하기 전에 보고서를 어떻게 써야 하는지 채점기준표를 읽어보도록 하겠습니다."

채점기준표를 다시 보여주면 첫 차시 때보다 훨씬 더 많이 질문하는데요. 이유는 단순합니다. 수업을 시작할 때 보여주는 채점기준표는 그냥 학습 목표를 확인하는 용도일 뿐이지만, 수행평가를 위해 보여주는 채점기준표는 평가에 직접적으로 적용되니까요. 자연스럽게 질문이 많아지고, 질문 내용도 아주 구체적입니다. 이때 교사는 학생들과 의논한 후 그 결과를 채점기준표에 다시 반영할 수도 있습니다.

학생: "선생님, 채점기준표에 4가지 영역에서 훼손된 우리말을 찾으라고 했잖아요. 그럼, 영역마다 몇 개의 사례를 써야 하나요?"
교사: "여러분은 각 영역당 몇 개를 쓰면 좋겠다고 생각하나요?"

이 수업에서는 학생들이 한 영역당 4개를 쓰는 것이 좋을 것 같다고 해서 그렇게 하기로 했습니다. 얼마 후 다른 학생이 이런 질문을 하더군요.

학생: "선생님, 무분별한 외국어는 사례가 많아서 4개를 찾기가 어렵지 않은데, 사물을 높이는 말이나 한글을 영어로 쓰는 경우는 사례가 많지 않아요. 그러니까 한 영역에 2개씩 쓰되, 영역을 4개에서 6개로 늘려서 사례의 수를 맞추면 안 되나요?"

이것은 제가 미처 생각하지 못한 일입니다. 찬찬히 들어보니 훼손된 우리말 사례에서 기타 사례를 조사했답니다. 한글을 영어로 사용하는 경우를 열심히 찾아봤는데 'RGRG, HOXY' 2개밖에 발견하지 못했다는 겁니다. 이러면 4개를 채울 수 없으니, 이 영역은 2개만 쓰고 다른 영역에서 2개를 더 써서 4개를 채워도 되느냐는 질문이었습니다. 이것 역시 학생들과 의논했고, 다들 그게 좋을 것 같다고 했습니다. 이렇게 학생의 의견을 반영해 채점기준표에 다음과 같은 문항을 추가했습니다.

* 영역별 사례를 4개 쓸 것
* 영역별 사례 개수가 4개가 안 될 경우, 다른 영역과 합산 가능

이처럼 수행평가 실시 전에 학생들과 의논해 채점기준표를 수정할 수 있습니다. 교사가 채점기준표를 아무리 열심히 만들어도 오류가 있기 마련입니다. 이럴 때는 학생들과 의논해 오류를 수정하면 됩니다. 실제 수업해 보면 미처 생각하지 못한 내용을 학생들이 많이 발견한다는 걸 알 수 있습니다. 학생은 직접 수행평가를 하는 당사자라서 채점기준표를 더 세밀하게 볼 수 있으니까요.

〈수행평가 실시〉

학생들은 채점기준표에 맞춰 조사 보고서를 씁니다. 수행 결과물을 보면 학생들이 얼마나 채점기준표에서 제시한 내용을 지키려고 노력했는지가 보입니다. 채점기준표 없이 하는 일반적인 수업에서는 끝맺는 말을 쓰라고 하면 보통은 '재미있었다', '힘들었다' 정도로 간단합니다. 그러면 교사는 자신의 생각과 느낌, 실천 의지 등을 쓰라고 다시 요구하죠. '왜 이렇게 끝맺는 말을 성의 없게 쓰지?' 마음속

으로 원망도 하면서요.

그러나 채점기준표에 생각이나 느낌을 쓰라고 제시한 수업에서는 다르다는 것을 알 수 있을 겁니다. 채점기준표에 제시하면 학생들은 교사가 쓰라고 하지 않아도 제시한 것을 실천하려고 노력합니다. 학생들은 채점기준표에 따라 움직인다는 걸 확인할 수 있지요. 다음은 학생들이 제출한 조사 보고서의 끝맺는 말입니다. 쭉 읽어보세요.

〈끝맺는 말〉

생각보다 훨씬 더 많은 외국어, 초성, 신조어 등등의 훼손된 우리말이 일상생활에 쓰이는지 몰랐습니다. 그러나 오늘부터는 훼손된 우리말을 줄여야겠다고 생각했습니다. 왜냐하면 계속 훼손된 우리말을 쓰게 된다면 우리말이 사라질 수 있기 때문입니다.

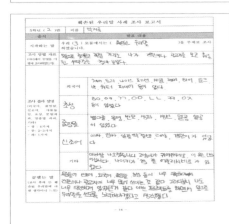

〈끝맺는 말〉

요즘 들어 신조어, 외국어, 줄임말, 초성 등이 너무 익숙해져서 간판이나 광고지에 너무 많이 쓰이는 것 같다. 그러다 보니 나도 너무 익숙해져 있었던 것 같다. 이번 프로젝트를 하면서 앞으로 우리말을 쓰도록 노력해야겠다고 생각했다.

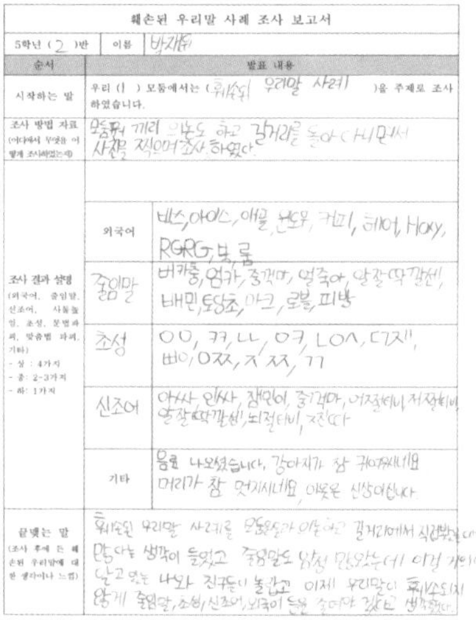

훼손된 우리말 사례 조사 보고서		
5학년 (2)반	이름	박재[illegible]
순서	발표 내용	
시작하는 말	우리 (1) 모둠에서는 (훼손된 우리말 사례)을 주제로 조사하였습니다.	
조사 방법 자료 (어디에서 무엇을 어떻게 조사하였는지)	모둠원끼리 의논도 하고 길거리를 돌아다니면서 사진을 찍으며 조사하였다.	
조사 결과 설명 (외국어, 줄임말, 신조어, 사물높임, 초성, 문법파괴, 맞춤법 파괴, 기타) - 상 : 4가지 - 중: 2-3가지 - 하: 1가지	외국어	버스, 아이스, 애플, 빈도우, 커피, 헤어, Hoxy, RGRG, 보, 룸
	줄임말	버카충, 엄카, 존귀탱, 얼죽아, 알잘딱깔센, 배민, 토당초, 마크, 로블, 피방
	초성	ㅇㅇ, ㅋㅋ, ㄴㄴ, ㅇㅋ, ㄴㅇㅅ, ㄷㄱㅈ, ㅃㅇ, ㅇㅈㅈ, ㅈ ㅈㅈ, ㄱㄱ
	신조어	아싸, 인싸, 잼민이, 존귀탱, 어쩔티비, 저쩔티비, 알잘딱깔센, 뇌절티비, 지친다
	기타	음료 나오셨습니다, 강아지가 참 귀여우세요, 머리가 참 멋지시네요, 이옷은 신상이십니다
끝맺는 말 (조사 후에 든 훼손된 우리말에 대한 생각이나 느낌)	훼손된 우리말 사례를 모둠원들과 의논하고 길거리에서 직접 봤을 때 많다는 생각이 들었고 줄임말도 엄청 많았는데 이걸 거의 다 알고 있는 나와 친구들이 놀랍고 이제 우리말이 훼손되지 않게 줄임말, 초성, 신조어, 외국어 등을 줄여야겠다고 생각했다.	

〈끝맺는 말〉

훼손된 우리말 사례를 모둠원들과 의논하고 길거리에서 직접 봤을 때 많다는 생각이 들었고, 줄임말도 엄청 많았는데, 이걸 거의 다 알고 있는 나와 친구들이 놀랍고, 이제 우리말이 훼손되지 않게 줄임말, 초성, 신조어, 외국어 등을 줄여야겠다고 생각했다.

〈피드백〉

학생: "선생님, 다 했어요."

학생이 수행평가를 다 마쳤다고 하면, 채점기준표와 자신이 수행한 결과를 스스로 채점해 보라고 합니다. 부족한 점이 있는지 점검하도록 하면 자기 주도적인 학습을 할 수 있습니다. 자세한 내용은 앞에서 많이 다루었기 때문에 여기서는 생략하겠습니다.

〈채점과 가정통지〉

채점기준표에 따라 채점합니다. 다음 장에서 제시하는 가정통지표로 학생의 수행결과와 함께 가정으로 통지합니다.

프로젝트 수업 4단계: 결과물 발표하기

프로젝트 수업의 마지막은 결과물 발표하기입니다. 결과물 발표하기는 프로젝트를 수행한 결과를 다른 사람과 공유하는 시간입니다. 결과물을 발표할 때는 도입활동 때 참석한 일반청중에게 발표하는 형식으로 하면 됩니다. 도입활동 때도 말했지만 제삼자가 참가하면 살아 있는 수업이 되고, 학생에게는 동기가 부여됩니다. 이 수업의 일반청중은 교장 선생님이었기 때문에 교장 선생님이 학생들 발표에 참석했습니다. 일반청중인 교장 선생님은 학생들의 발표를 듣고, 격려의 말씀을 해주셨습니다.

〈프로젝트 수업 성찰하기〉

프로젝트 수업의 마지막 차시는 수업 성찰하기입니다. 수업 성찰은 두 가지 방면에서 실시합니다.

첫 번째는 학습해야 할 지식에서 오개념이 발생하지는 않았는지를 확인합니다. 아무래도 프로젝트 수업이다 보니 오개념이 발생할 수 있습니다. 수업 성찰 시간에 학생들의 오개념을 바로 잡고 부족한 부분을 보충하세요. 수업 성찰은 오개념을 바로 잡을 수 있는 마지막 기회입니다.

두 번째는 프로젝트 운영에 관한 수업 성찰입니다. 프로젝트 운영과정과 결과를 돌아보고, 다음 프로젝트에 보완할 내용을 알아보는 시간입니다.

(J2)프로젝트 자기 성찰 양식(학생용)	
이 프로젝트에서 여러분이 무엇을 했고 프로젝트를 어떻게 성공적으로 진행시켰는지 자신의 활동을 생각해 보고, 오른쪽 칸에 적어 보세요.	
학생	(5)학년 (2) 반 이름 : (박지유)
프로젝트 이름	우리말을 지켜라!
자신에 관하여	
프로젝트에서 배운 가장 중요한 것은 무엇입니까?	최근들이 원(한)이 2(반)이 훼손되었는데 무엇 때문에 훼손되었는지 알아보게 가장 중요한것 같다
시간을 좀 많이 투자했으면 하는 부분, 혹은 좀 다르게 했으면 하는 부분은 무엇입니까?	발표입니다. 발표 연습시간이 조금 적었던것 같고 마이크로 하게되어서 뒤에 꼬인거 같다.
프로젝트의 어떤 부분이 가장 잘 되었다고 생각하십니까?	직접 나가서 간판을 좌하고 안전하게 대려온 것이 가장 잘 된것 같다.
프로젝트에 관하여	
프로젝트에서 가장 즐거웠던 부분은 무엇입니까?	직접 밖에 나가서 간판을 사진찍고 좌하면서 가장 재미 있었다
프로젝트에서 가장 즐겁지 않았던 부분은 무엇입니까?	없음
다음 프로젝트가 더 나아지기 위해서 선생님이 어떻게 해주면 좋겠다고 생각합니까?	그냥 이대로 해주시면 좋겠다

6 가정통지로 과정중심평가를 완성하다

다음과 같은 양식으로 가정통지를 했습니다.

〈가정통지표 양식〉

더 성장하는 나를 위해
학년 반 ( )번 이름( )

학년-학기	과목	단원	성취기준
5-2	국어	8. 우리말 지킴이	[6국04-06] 일상생활에서 국어를 바르게 사용하는 태도를 지닌다.

평가기준(상)	세부평가요소
(상) 일상생활에서 올바른 국어사용을 적극적으로 실천한다.	올바른 국어사용 적극적으로 실천하기 자료 체계적으로 구성

수행평가과제	일상생활에서 사용되는 훼손된 우리말 조사

수준 평가요소	잘함	보통	향상 필요
올바른 국어 사용	일상생활 속에서 사용되는 구체적인 우리말 훼손 사례를 4가지 찾았다.	일상생활 속에서 사용되는 구체적인 우리말 훼손 사례를 2~3가지 찾았다.	일상생활 속에서 사용되는 구체적인 우리말 훼손 사례를 1가지 이하로 찾았다.
올바른 국어 사용	□ ① 무분별한 외국어　□ ② 초성　□ ③ 줄임말　□ ④ 신조어 □ ⑤ 사물을 높이는 표현 □ ⑥ 비속어 □ ⑦ 문법, 맞춤법 파괴 □ ⑧ 기타(　　　　　) * 영역별 사례를 4개 쓸 것 * 영역별 사례 개수가 4개가 안 될 경우, 다른 영역과 합산 가능		
실천하기	우리말 훼손 사례 조사 결과에 따른 자신의 생각이나 느낌을 구체적으로 쓰고, 훼손된 우리말 사용에 관한 경각심, 실천 계획이나 의지 등의 내용이 포함되어 있다. * 경각심(정신을 차리고 주의 깊게 살피어 경계하는 마음)	우리말 훼손 사례 조사 결과에 따른 자신의 생각을 썼고, 훼손된 우리말 사용에 관한 경각심을 느끼는 내용이 포함되어 있다.	우리말 훼손 사례에 대해 썼으나 경각심을 느끼는 태도가 드러나 있지 않다.
실천하기	□ 생각이나 느낌 □ 실천 계획이나 의지		
자료정리	조사 발표와 목적에 맞게 모든 구성 요소를 포함해 체계적으로 구성했다.	조사 발표와 목적에 맞게 2가지 구성 요소를 포함해 구성했다.	조사 발표와 목적에 맞게 1가지 구성 요소를 포함해 구성했다.
자료정리	□ ① 시작하는 말　□ ② 조사 자료 구체적으로 설명 □ ③ 끝맺는 말(조사한 후에 든 훼손된 우리말에 관한 생각이나 느낌)		

성취 수준		
잘함 3개, 잘함 2개+보통 1개	잘함과 노력요함을 제외한 모든 것	노력요함 3개, 노력요함 2개+보통 1개
잘함	보통	노력요함

※ 나의 성장을 기록해 봅시다.

세상에서 가장 쉬운 교육과정 수업 평가,
최무연과 함께합니다

'나는 왜 맨날 교육과정 수업 평가가 제자리지?'

교육과정 수업과 평가를 떠올리면 늘 이런 생각이 들었습니다. 저에게 교육과정 수업 평가는 늘 어려운 존재였지요. 특히 교육과정과 평가 이야기가 나올 때면 더 자신이 없었습니다. 기초가 부족한 것인지도 모른다는 생각도 했습니다. 나중에 보니 이런 생각을 저만 하고 있는 것이 아니더군요. 많은 선생님이 저와 비슷한 생각을 하고 있다는 걸 알게 되었습니다.

교육과정 수업 평가를 알기 위해 아무 노력도 하지 않은 것은 아닙니다. 사실 그 어느 영역보다 많은 관심을 가지고 연수도 받고, 책도 많이 읽었습니다. 하지만 너무 어렵고 추상적이라 손에 잘 잡히지 않더군요. 시작 부분에 머무른 채 제자리에서 맴돌기만 했습니다. 교육과정과 평가가 어렵게 느껴지면 느껴질수록 교사가 좀 더 쉽고 체계적으로 알 수 있는 책이 있었으면 좋겠다는 생각이 들었습니다.

'그렇다면 내가 한번 써봐야겠다.'

이렇게 호기롭게 시작한 책이 이제 마침표를 찍고 출간을 앞두고 있네요. 교정과 편집 과정을 거치면 곧 세상으로 나가게 됩니다. 초고가 완성되고 출간을 기다리고 있자니 선생님들께 얼마나 도움이 될지 이제야 떨리는 마음이 듭니다. 아주 조금이라도 이 책이 선생님들의 교육과정 수업 평가에 도움이 되었으면 하는 바람입니다.

도와주신 분이 많습니다. 선행 연구를 하신 많은 선생님과 교수님의 책들을 참고했습니다. 교육과정 수업 평가에 문외한이었던 저에게 직접 실천할 수 있도록 지혜를 주신 모든 선행 연구자에게 감사의 말씀을 드립니다.

《교육과정 수업 평가, 수업을 디자인하다》는 학교 현장에서 실천한 내용을 담은 책입니다. 여기에 담긴 교육과정 수업 평가는 오롯이 토당초등학교 선생님들과

학생이 함께한 내용입니다. 부족함이 많은데도 "수석쌤, 감사해요"라며 지지해 주시는 토당초 선생님들, 그리고 "앗, 천만원(초성이 ㅊㅁㅇ이라서) 쌤이다"라고 늘 반갑게 맞아주는 토당초 학생들에게도 감사를 전합니다.

　아무쪼록 《교육과정 수업 평가, 수업을 디자인하다》가 선생님의 교육과정 수업 평가가 한 단계 성장하는 데 작은 디딤돌이 되었으면 합니다.

　선생님의 교육과정 수업 평가를 응원합니다.

　감사합니다.

최무연 드림

교육과정 수업 평가,
수업을 디자인하다